Josef Unterberger

Die Sprache der Seele

Bilder - Symbole - Metaphern

Umschlagbild: Stephan Unterberger
Layout: Bettina Schwarzmayr
erscheint im Joskar Verlag.
ISBN 3-200-00018-X

03/2004 - 2. Auflage

Druck: WIGO-Druck Ges.m.b.H., Salzburger Straße 32, A-4820 Bad Ischl

Inhaltsverzeichnis

Mein Dank

geht an meine Familie, die mir wohlwollend die Zeit für die Arbeit an diesem Buch zugestanden hat und meine Arbeit in Gesprächen förderte und mich am Computer unterstützte.

Meinen besonderen Dank möchte ich meinem Freund Herbert Köberl sagen, der als Germanist die Texte überarbeitete.

Des weiteren danke ich allen, mit denen ich zusammengearbeitet habe und die mir ihre Bilder und ihre Lebensgeschichten für das Buch zur Verfügung stellten. Die Namen wurden so verändert, dass keine Rückschlüsse mehr auf die tatsächlich Betroffenen möglich sind.

V o r w o r t

Solange ich an diesem Buch gearbeitet habe, war es mein Buch. Mein Wissen, meine Lebenserfahrung und meine Sicht vom Leben traten mir in Bildern entgegen und dementsprechend deutete ich sie.
Dabei half mir meine jahrzehntelange Erfahrung als Ehe-, Lebens- und Familienberater in Seminaren, Vorträgen sowie in Gruppen- und Einzelsitzungen.
In diesen vielen Jahren waren Bücher meine ständigen Wegbegleiter. Ich las sehr viel und konnte so gewissermaßen vielen Autoren begegnen und mich mit ihnen auseinandersetzen. Besonders hingezogen fühlte ich mich zu den Ideen von C.G. Jung.

Nun ist es I h r Buch. Sie werden es aus dem Blickwinkel I h r er Lebensgeschichte für sich zu lesen haben, damit es Ihnen helfen kann, ein bewussteres Leben zu führen, Ihre Lebenssituation versöhnend anzunehmen und eventuell Veränderungen zu einem guten Leben einzuleiten.

Einführung

Ingrid, dreißig Jahre alt, lebt mit ihrem Freund zusammen in einer schönen Eigentumswohnung. Sie kam alleine in die Beratung. Fast entschuldigend meinte sie, dass ihr Problem eigentlich gar keines sei. Sie arbeite in einer Bank in einer guten Position. Ihr Freund ist sehr nett zu ihr und sie mag ihn auch. Eigentlich ist alles bestens geregelt.
Trotzdem nagt etwas in ihr. Irgend etwas stimmt nicht. Heiraten und Kinder kriegen, das will sie nicht, das weiß und spürt sie genau.
In mir blieb der Satz „Eigentlich ist alles bestens geregelt“ hängen und ich fragte die Frau, wer denn alles „regelt“?
Da brach es förmlich aus ihr heraus, als hätte ich eine Sperre geöffnet. In unserer Familie „regelt“ alles die Mutter.
So wie bei der Mutter durch die Oma, so wurde auch Ingrids Berufslaufbahn durch ihre Mutter geplant. Die Mutter hatte nur die Handelsschule besucht und kam dann zur Bank. Für Ingrid hatte sie die Handelsakademie vorgesehen, die sie auch absolvierte, bevor sie in die gleiche Bank eintrat. Die Mutter hörte mit der Arbeit in der Bank auf als die Kinder kamen. So wie Ingrids Vater war auch ihr Freund „zufällig“ ein Beamter.
Ingrid sprach fast hastig weiter, so als wollte sie nicht mehr gebremst werden. Eigentlich wollte ich Psychologie studieren, aber ich getraute mich nicht, weil die Mutter dagegen war.

„Wie geht es denn der Mutter?“ fragte ich daraufhin Ingrid.
Mutter sagte mir einmal, dass sie sehr gerne Volksschullehrerin geworden wäre. Ihre Mutter sagte damals zu ihr, dass das hinausgeschmissenes Geld wäre, da sie ja doch einmal heiraten und Kinder bekommen würde.

Jetzt - so betont die Mutter immer wieder - weiß sie, dass ihre Mutter recht hatte. Von der Mutter konnte Ingrid immer wieder hören, wie zufrieden sie mit ihrem Leben sei. Sie hat ein Haus, einen braven Mann und gesunde Kinder....

So ähnlich könnten viele über ihr bisheriges Leben reden. Irgendwie hat es irgendwer in die „richtigen Bahnen" gebracht. Es dauert oft sehr lange, bis ich bewusst meinen eigentlichen einmaligen Lebensweg finde. Meine Psyche hilft mir dabei, weil sie mir keine Ruhe lässt, bis ich etwas verändere.

Auch dieses Buch will Ihnen dabei helfen.

Bilder, Symbole und Metaphern

Diese kurze Einführung über Bilder, Symbole und Metaphern dient dem besseren Verständnis meiner Sicht von Bildern und meines Umgangs mit ihnen. Da die Sprache der Seele vor allem aus Bildern und Symbolen besteht, sind sie in diesem Buch von zentraler Bedeutung.

Bilder

Bilder sind älter als unsere Sprache. Durch sie kann man zum Beispiel Gefühle ganzheitlich ausdrücken. Da in Bildern Unbewusstes und Bewusstes verschmolzen sind, haben Bilder immer einen Bedeutungsüberschuss. Es wird auch Unbeabsichtigtes dargestellt, daher sind Bilder nie ganz auslotbar.

Beeinflusst von der griechischen Philosophie vor ca. 2500 Jahren spaltete sich die Denkweise zwischen dem Abendland und dem Orient. Unser Kulturkreis wandte sich eher dem analytischen Denken zu, während der Osten mehr dem Ganzheitlichen verbunden blieb. Dies zeigt sich auch in unserem Schriftbild, das sich, etwa im Gegensatz zum chinesischen, auch aus einzelnen Buchstaben zusammensetzt.

Der Mensch wurde nicht mehr in seiner Ganzheit gesehen, sondern in Geist, Seele und Körper zerlegt. Diese analytische Denkweise erfasste alle Bereiche. Es ging nicht mehr um die Wahrnehmung des ganzen Menschen, sondern um die Beobachtung von Einzelheiten. Heute ist wieder eine Trendumkehr zum Ganzheitlichen hin bemerkbar.

Die Bilder der Kinder

Schon Kinder können sich in ihren Zeichnungen ausdrücken. Sie teilen uns etwas über sich mit, was sie uns anders noch nicht mitteilen können.

Beispiele:

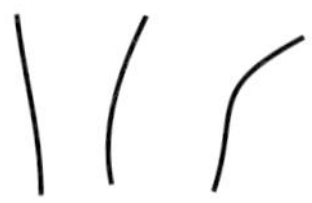

Ich kann etwas Bleibendes hinterlassen.

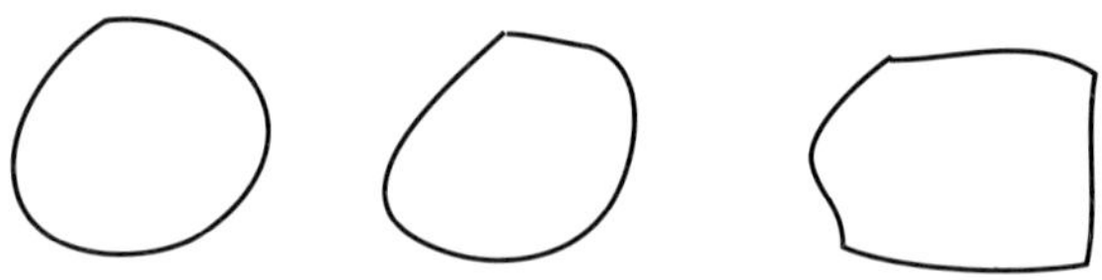

In mir ist etwas ganz geworden.

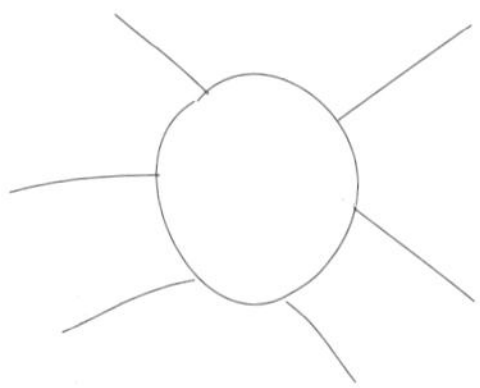

Ich nehme mit meinen Fühlern die Umwelt wahr.

Ich wende mich meinem Inneren zu.

Diese noch sehr einfachen Bilder der Kinder weisen auf etwas hin. Sie machen etwas sichtbar und geben nicht Sichtbares wieder. Dasselbe gilt auch für Künstler.

Paul Klee definiert das so: „Kunst gibt nicht Sichtbares wieder, sondern macht sichtbar."

Das Kind ist noch sehr dem magischen Denken verhaftet. Das sollte auch mindestens bis zum Schuleintritt so sein dürfen. Dabei herrscht noch das Unbewusste vor und dominiert das Zeichnen des Kindes.

In der Zeichnung des Kindes vermischen sich, was das Kind wahrnimmt, was es vom gezeichneten Objekt weiß und die innere Sicht des Kindes und die Persönlichkeitsanteile, die angesprochen wurden.

Anders ausgedrückt: durch seine besondere Persönlichkeit nimmt das Kind das Objekt visuell subjektiv wahr, hat es ein ausgewähltes Wissen davon und sieht die Welt durch die eigene, ganz persönlich gefärbte Brille.

In der Zeichnung antwortet das Kind darauf.

Das Kind lässt zum Beispiel weg, was es lästig findet. Es kann daher auf einer Familienzeichnung eine Person fehlen. Ein Bruder wird ohne Hände gezeichnet, weil er ihm immer etwas wegnimmt. So haben diese „Fehler" einen besonderen Sinn. Ganz spontan gemalte Bilder können auch Hilferufe sein oder Botschaften aus der Tiefe des Unbewussten.

Wenn wir uns mit Kinderzeichnungen beschäftigen, dann nähern wir uns einem unbekannten Land. Dieses vermögen wir nur mit unserer eigenen Kinderseele zu erblicken.

Das Kind öffnet uns durch seine Zeichnung eine Tür zu sich selbst. Zugleich kann sich das Kind durch die Zeichnung von Belastendem frei machen. Das Zeichnen ist daher für die Gesamtentfaltung der Persönlichkeit des Kindes sehr förderlich.

Das Kind wird die Freude am Zeichnen beibehalten, wenn es dafür Achtung und Anerkennung bekommt.
Wie aber verhalten sich da oftmals Erwachsene? Leonardo da Vinci (1442 - 1514) meint noch: „Das Gemälde, das dem nachgebildetem Objekt am meisten entspricht, muss das größte Lob erhalten.“ Diese veraltete Ansicht wird aber den Kinderzeichnungen keineswegs gerecht. Es ist für Kinder wie eine Fremdsprache, wenn sie das Gesehene möglichst genau nachzeichnen sollen. Werden sie dazu gezwungen, verlieren sie auch die Freude am Zeichnen und an allem Schöpferischen.

Erwachsene und Bilder

Zum Unterschied von Kindern leben Erwachsene zu sehr in der Welt des Bewussten, sodass das Zeichnen von Bildern alleine therapeutisch zu wenig bewirkt. Das Bild muss auch gedeutet werden, um die therapeutische Wirkung zu verstärken. In diesem Zusammenhang ist es auch hilfreich, sich die Wortbedeutung von BILD näher anzuschauen. Im Germanischen sprach man vom BIL, was soviel hieß wie Wunderkraft, Wunderzeichen; im Altsächsischen bedeutete BILLIDI das Wunder, wahres Sein, Sinnbild; und das indogermanische BILL stand für das „Entsprechende“.
Das wirkliche Bild - nicht gemeint sind hier Abzeichnungen - ist also nicht statisch, sondern dynamisch. Es gilt daher zu allererst, ein Bild in seiner Gesamtheit auf sich wirken zu lassen. Dabei soll der Betrachter innerlich ganz offen sein. Während Worte nur unser Bewusstsein erreichen, gehen Bilder auch ins Unbewusste. So kann man über ein Bild auch einen neuen Zugang zu seinem Innersten finden. Über eine zum Beispiel in einem Bild dargestellte Wildheit, kann ich meiner eigenen inneren Wildheit begegnen und vielleicht annehmen lernen.

Die Art wie ein Erwachsener ein Bild betrachtet, was er wahrnimmt und was ihm verschlossen bleibt, hängt auch weitestgehend von seiner Gesamtpersönlichkeit ab. Jedes Bild hat Symbolcharakter und kann von einem jeden in einmaliger Weise wahrgenommen und gedeutet werden.
Hier wirkten Bewusstes und Unbewusstes zusammen. Unbewusst zeigt es meine inneren Prägungen. Diese sind vor allem: mein Archetypus, meine seelischen Verletzungen, unerledigte Erfahrungen und Verinnerlichungen. Bewusst beeinflussen meine Wahrnehmungen meine prägende Lebensgeschichte. Durch sie unterscheide ich, was für mich bedeutsam und was unwichtig ist. Für das Wichtige bin ich offen in meiner Wahrnehmung, dem Unbedeutenden verschließe ich mich. So nimmt ein Maler die Landschaft anders wahr als z. B. ein Bauer. Ich öffne meinen Blick für das, was in meinem Leben zählt. Wenn mir z.B. eine Niere entfernt wurde, dann lerne ich auf einmal viele Menschen kennen, die auch nur eine Niere haben.

Zusammenfassend kann daher gesagt werden, dass man auswählend wahrnimmt. Ich „sehc" nur das, was für mich in irgend einer Weise bedeutsam ist.

Gegen Ende des Buches werden Sie Volksmärchen vorfinden. Ich lade Sie ein diese alleine, oder in einer Gruppe zu lesen und dann die Szene aus dem Märchen zu zeichnen, bei der Sie „hängen" geblieben sind.

Lassen Sie dieses Bild dann auf sich wirken und stellen Sie sich die Frage: Welches Problem meines Lebens habe ich mit diesem Bild dargestellt!

Zur Deutung eines Bildes ist die Raumsymbolik von Rudolf Michel in der Weiterentwicklung durch Ingrid Riedel hilfreich, die ich hier vereinfacht darstelle.

Väterliches Geistiges Religiöses	Kollektives Bewußtes Gesellschaftliches
Kollektives Unbewusstes Lebensbeginn	Mütterliches Erdverbundenes Ruhendes

Bei der Deutung eines Bildes kann ein Fachmann eine Hilfe sein. Die tatsächlich zutreffende Interpretation muss aber vom Zeichner des Bildes bestätigt werden.

Links im Bild liegt das Vergangene, die Mitte deutet auf das Jetzt und rechts liegt das Zukünftige.

Die beiden nachfolgenden Bilder sollen das anschaulich darstellen. Betrachten Sie Abbildung 1 und wenden Sie ihren Blick nach links auf das offene Meer hinaus. Bemerken Sie, dass Ihre Gedanken in die Vergangenheit schweifen? In Abbildung 2 hingegen wird Ihre Aufmerksamkeit auf die Weite des Meeres im rechten Bereich des Bildes gelenkt. Was liegt hier noch alles vor Ihnen?

Abbildung 1

Abbildung 2

Symbole

C.G. Jung definiert: „Ein Symbol ist ein spontan entstandener Bedeutungsträger, der die Vergegenwärtigung von Inhalten ermöglicht, die auf andere Weise kaum darzustellen sind."
So wie mir vieles im Leben zum Symbol werden kann, gilt dies in besonderer Weise vom Bild.
Im Umgang mit einem Symbol ist es wichtig, dass ich es auf mich wirken lasse, damit es in mir etwas bewirkt. Das Symbol appelliert insbesondere an die Erlebniskraft und Kommunikationsfähigkeit des Menschen. Es ist daher wesentlich, dass ein Symbol erlebt wird. Es soll die Wirkkraft und weniger die Verständlichkeit des Symbols erfahren werden.

Das Symbol kann subjekt- oder objektstufig gedeutet werden. Bei der subjektstufigen Deutung bezieht sich alles auf mein Inneres. So stellt das Symbol „Haus" meine Gesamtpersönlichkeit dar. Die einzelnen Räume sind verschiedene Seelenbereiche. Bei der Grundfeste kann es sich um mein Urvertrauen handeln. Die objektstufige Symbolerklärung bezieht sich auf das Äußere und kann uns zwei Gegensätze aufzeigen. Das „Haus" als objektstufiges Symbol kann Schutzraum oder Kerker sein.
Symbole haben auch eine Geschichte haben. Als Beispiel können wir das Symbol „Schlange" betrachten. Als universelles Symbol war sie ein Lebenssymbol. Seit dem Christentum steht die Schlange auch für das Böse, den Satan. Für Freud war die Schlange dann ein Phallussymbol und stand für Sexualität. Durch eine ganz persönliche Erfahrung mit einer Schlange kann auch noch ein individuelles Symbol entstehen.
Die kollektiven oder universellen Symbole sind weltweit gleich. Unsere Volksmärchen und Mythen setzen sich aus universellen Symbolen zusammen. Im Traum erleben wir eine Mischung von beiden.

Wenn z.B. durch eine Krankheit etwas symbolhaft ausgedrückt wird, dann sprechen wir von psychosomatischen Symbolbildern.. Ein gebrochenes Bein kann ein Symbol dafür sein, dass etwas brechen muss oder mit dem Betreffenden zu brechen hat.

Zu den ältesten Symbolen gehört das Runde, wie z.B. der Ring. Er hat keinen Anfang und kein Ende und ist rundherum gleich. Das symbolisiert Gegensatz- und Zeitlosigkeit. Es fehlen daher auch die Dynamik und Entfaltungsmöglichkeit.

Das erste Gegensatzsymbol ist das Uroborossymbol, die Schwanzfresserschlange. Hier können wir schon eine Dynamik erkennen, die an eine Zeit gebunden ist.

Typisch weibliche Symbole sind Gefäße, Öffnungen, Laubbäume, Dämmerlicht, Mond.....

Für das Männliche stehen Phallussymbole wie stangenähnliche Gebilde, schlanke Nadelbäume, grelles Licht, Sonne....

In jedem männlichen Symbol ist auch das weibliche und in jedem weiblichen das männliche enthalten. So ist im weiblichen Dämmerlicht das Licht und in jedem grellen Sonnenschein der Schatten da.

Werfen wir noch einen Blick auf die Wortbedeutung. „Symbol" wird vom griechischen „symbolon", das Erkennungszeichen, und von „symballein", was soviel wie zusammenwerfen bedeutet, abgeleitet. Hier zeigt sich auch, dass das Symbol aus zwei Hälften besteht oder zwei verschiedene Seiten hat, die als Gegenstücke zusammenpassen. Dadurch kann es auch zum Erkennungszeichen werden.

Metaphern

Unter Metaphern verstehen wir sprachliche Bilder, wie zum Beispiel „Quelle“ für „Ursache“. Manche Metaphern verwenden wir, ohne sie als solche bewusst wahr zu nehmen. Zum Beispiel: Stuhlbein, Fuß des Berges, Flussarm... Bewusst werden Metaphern in Gleichnissen und Parabeln eingesetzt. Denken Sie zum Beispiel an die Bibel, wo im Neuen Testament bei Matthäus das Gleichnis vom Sämann steht.

„.......Ein Sämann ging aufs Feld, um zu säen. Als er säte, fiel ein Teil seiner Körner auf den Weg, und die Vögel kamen und fraßen sie. Ein anderer Teil fiel auf felsigen Boden, wo es nur wenig Erde gab, und ging sofort auf, weil das Erdreich nicht tief war; als aber die Sonne hochstieg, wurde die Saat versengt und verdorrte, weil sie keine Wurzeln hatte. Wieder ein anderer Teil fiel in die Dornen, und die Dornen wuchsen und erstickten die Saat. Ein anderer Teil fiel auf guten Boden und brachte Frucht, teils hundertfach, teils sechzigfach, teils dreißigfach. Wer Ohren hat, der höre!“

Mit diesem Gleichnis als Metapher verglich Jesus seine Arbeit in der Verkündigung mit einem Sämann. Weiters werden Metaphern in Anekdoten, Witzen und Märchen verwendet.

„Eine Metapher ist im allgemeinen damit bestimmt, dass sie eine Sache in Begriffen einer anderen ausdrückt, wobei die Verknüpfung ein neues Licht auf die beschriebene Sache wirft“, so definiert David Gordon.

Da jedes Bild - auch das sprachliche - einen Bedeutungsüberschuss hat, wird der Sinn verschieden wahrgenommen werden.
Jeder von uns hat ein Bild von der Welt. Dieses Bild oder Modell

wird von mir auf Grund meiner Lebenserfahrung im weitesten Sinne gestaltet.

Jede Kommunikation ist auch metaphorisch. Jeder nimmt verschieden wahr und gibt dem Wahrgenommenen einen bestimmten Sinn. So ist grundsätzlich jede Kommunikation unvollständig. Lücken werden von uns ausgefüllt.

Es ist also wichtig, dass ich davon ausgehe, dass ein jeder etwas anderes meint, ein anderes Bild, ein anderes Modell von der Welt hat. Einige aber ein sehr ähnliches. Jede sinnliche Information vergleiche ich unbewusst mit meinem Modell. Passt sie zu meinem Bild, so ist sie für mich sinnvoll.

Märchenbilder

Phantasien, Träume, Imaginationen,.... sind die Wurzeln der Märchen. Dabei spielten unterdrückte Gefühle, falsches Selbst und die Liebe eine bedeutende Rolle. Urbilder der Menschheit nehmen hier Gestalt an. Die immer wieder auftauchenden Symbole wurden nicht erfunden, sondern vorgefunden. Sie sind bei vielen Völkern gleich. Es ist die Sprache der Natur des Menschen, das Erdgebundene. Dabei geht es auch um den natürlichen Umgang mit der Mutter Erde und der menschlichen Natur in uns.
Die Volksmärchen, so wie sie z.B. die Brüder Grimm gesammelt und aufgeschrieben haben, sind älter als unsere organisierten Religionen. In ihnen ist das Wissen des kollektiven Unbewussten enthalten. Da diese innere Eingebung aus der Tiefe des Selbst kommt, meine ich, dass sie vom göttlichen Geist inspiriert ist. So gesehen sind die uralten Volksmärchen die ersten Religionsbücher der Menschheit. Diese Meinung möchte ich noch durch die Aussage einer bedeutenden Mystikerin untermauern.

Theresia von Avila lässt Gott in einer Vision sagen: „Seele suche in allem nur mich. Mich aber suche zutiefst in dir."

Da das Göttliche also zutiefst in unserem Selbst wohnt und die Bilder dieser uralten Volksmärchen dort ihre Wurzeln haben, so gehen sie auch vom Göttlichen, zumindest von dessen Nähe, aus.
Wenn ich die tiefe Weisheit der Märchen erlebe, die heute noch genauso unsere Seele berührt wie in uralter Zeit, dann glaube ich auch an ihren göttlichen Ursprung.

Wie könnten Märchen entstanden sein?

In sehr früher Zeit, wenn die Sippe abends beim offenen Feuer saß, erzählte jemand eine Geschichte, die vordergründig in Bildern

und Symbolen dargestellt von inneren Seelenzuständen handelte. Zuhörer, die sich von dieser Bildgeschichte besonders berühren ließen, erzählten diese mit zusätzlichen Bild-Szenen weiter. Dabei wurden die Bilder mit alltäglichen Vorkommnissen verwoben. So entstand nach vielen Jahren, auch auf der Reise durch viele Länder, ein Volksmärchen. Zum Beispiel soll Aschenputtel vor ca. 4000 Jahren in China entstanden sein.
In unserem Sprachraum sammelten die Gebrüder Grimm die zahlreichen Märchen und schrieben sie nieder. Da sie sehr christlich gesinnt waren, floss in ihre Märchen auch christliches Gedankengut ein. Die Grundaussagen der Märchen blieben aber erhalten.

Die Sprache der Märchen

Die Märchen setzen sich aus Bildern und Symbolen zusammen. Sie sind die Sprache des Unbewussten, daher finden wir durch unseren Verstand keinen Zugang zu ihnen. Märchen sind nicht logisch, sie sind nur psychologisch zu verstehen.
In Zeiten, wo die männlich-rationale Geisteshaltung in unserer Gesellschaft besonders dominierte, wurden Märchen als „sinnlos" abgetan und als grausam empfunden.
Wenn man Märchen wirklich erleben will, dann muss man sich Zeit nehmen, ein behagliches Plätzchen suchen und innerlich offen die Märchenbilder in sich aufnehmen. Man soll sich dabei auch respektvoll der Märchenwelt nähern und die Botschaften mit dem Herzen wahrnehmen.

Die Weisheit im Märchen

Meist wird das Problem, mit dem sich das Märchen befasst, schon in den ersten Sätzen dargestellt. Ich will das an ein paar Beispielen verdeutlichen.

Froschkönig
....lebte ein König, dessen Töchter waren alle schön,.....

Tischlein, deck dich!
Vor langer Zeit lebte ein Schneider, der drei Söhne hatte.....

→ Problem: Es fehlte die Mutter, das Mütterliche.

Frau Holle
.....eine Witwe hatte zwei Töchter.....

Der Wolf und die sieben Geisslein
Es war einmal eine alte Geiß, die hatte sieben junge Geisslein.

→ Problem: Es fehlte der Vater, das Männliche.

Rapunzel
Es waren einmal ein Mann und eine Frau, die wünschten sich schon lange vergeblich ein Kind.

→ Problem: Kinderwunsch.

Im Märchen wird der Mensch „abgeholt", wo er gerade in seiner innerlichen Not steht. Ich will dies am Märchen „Schneewittchen" aufzeigen:
„Es war einmal mitten im Winter, die Schneeflocken fielen wie Federn vom Himmel herab. Da saß eine Königin an einem Fenster, das einen schwarzen Rahmen von Ebenholz hatte, und nähte." Mit diesem geschilderten Bild wird eindrucksvoll, in verständlichen Symbolen der innere Zustand einer Frau geschildert.
...mitten im Winter...

Kalt ist es in mir. So wie um Mitternacht der Tag endet und der neue beginnt, so bedeutet die Mitte des Winters das Nahen des Frühlings.
...Schneeflocken fielen wie Federn vom Himmel...
Gedanken kommen und gehen.
...da saß eine Königin...
Das herrschende Weibliche ist passiv, es sitzt.
...an einem Fenster, das einen schwarzen Rahmen von Ebenholz hatte...
Das Fenster symbolisiert den Blick in die Welt. Der schwarze Rahmen stellt das Gegenteil von der „rosaroten Brille" dar. Die Sicht ist bedrückt.
...und nähte...
Nähen steht wie Spinnen, usw. für: in mir regt sich schon etwas, meine Gedanken beginnen etwas auszulösen.
Schauen wir uns als weiteres Beispiel nun das Märchen „Der Froschkönig „näher an:

Es ist ein Partnerschaftsmärchen, wo es vor allem um die Geschlechterrollen geht. Die Prinzessin wächst ohne Bruder und ohne Mutter auf. Sie wird vom König verwöhnt und erlebt ihr Zuhause als „goldenen Käfig". Da ihr das Weibliche und Mütterliche fehlt, sucht sie dies in den Symbolen der Linde und des Brunnens auf.
Der Prinz dagegen hat keine Schwester und keinen Vater. Seine Mutter, die aus ihrem Sohn ihren Prinzen macht, umgibt ihn mit ihrer vereinnahmenden Liebe. Diese wird durch den Brunnen symbolisch dargestellt. Da der Mutter der Mann fehlt, an dem sie sich reiben und entfalten könnte, wird sie dem Sohn zur Hexe und macht aus ihm einen Frosch. Im Märchensymbol „Hexe" wird uns die „böse und ungeliebte" Seite der Mutter gezeigt. Damit aus einem Frosch ein richtiger Mann wird, bedarf es „erschütternder" Erlebnisse. Das „An-die-Wand- werfen" steht symbolhaft dafür.
Das Märchen zeigt uns deutlich, dass der starke Mann den Vater braucht

und die weibliche Frau die Mutter für eine gute Entfaltung der Geschlechtlichkeit.
Als Beispiel für die Lösung vom Elternhaus nehme ich das Märchen „Hänsel und Gretel“: Das Symbol „Essen“ steht für „Erfahrung“. Wenn die Mutter sagt: „Wir haben nichts mehr zu essen“, dann heißt das: „Unsere Kinder müssen sich außerhalb unseres Hauses neue Erfahrungen suchen“. Den eigenen Weg im Wald zu finden ist eine Herausforderung. Wir sind allzu oft geneigt, uns immer wieder nach dem Elternhaus zu orientieren und Vertrautes nicht zu verlassen. Haben wir uns von den Eltern gelöst und unseren einmaligen Lebensweg gefunden, so sind wir vor einem Rückfall nie ganz sicher. Hier zeigt uns das Märchen die Versuchung im Symbol des Lebkuchenhauses auf. Wofür steht ein Schutzraum der zugleich Nahrung ist? Dies ist das Symbol für den Mutterleib. Es geht also darum, dass die Mutter, verkörpert durch die Hexe, den Hänsel vor lauter Liebe auffressen will.
Der Tod des Hänsel würde hier den Entfaltungsstillstand bedeuten. Wenn Hänsel sich von der Mutter nicht befreien kann, so bleibt er ein Kind und die Mutter bleibt eine Hexe. Wird die Hexe aber verbrannt, kann sich Hänsel völlig von der Mutter lösen und kann seinen eigenen Lebensweg gehen.
Werfen wir nun noch einen Blick darauf, wie die Märchen enden: Für alle Probleme gibt es ein gutes Ende. Sehr viele Märchen enden mit der Hochzeit des Prinzenpaares. Was bedeutet dies nun? Ich will es an einigen Symbolen erklären:
Der König steht objektstufig für das, was in der Gesellschaft als Norm gilt; subjektstufig steht er für mein Selbst, das Wichtigste in mir. Stellt der König zeitlich das Jetzt dar, so steht der Prinz für das Zukünftige. Die Hochzeit des Prinzenpaares bedeutet subjektstufig, dass das Weibliche (Prinzessin) und das Männliche (Prinz) in mir gleichwertig vereint sein dürfen. Objektstufig zeigt uns dies symbolhaft, dass in der Gesellschaft das Weibliche und das Männliche als gleichwertig gelten.
Als weiteres Beispiel - wie bei „Hänsel und Gretel“ - wird uns das Ende als das Nach-Hause-kommen geschildert. Dies bedeutet im subjektstufigen Sinne, dass ich nun zu meinem Selbst gefunden habe.

Mein Umgang mit Bildern aus der Bibel

Es ist bei der Deutung der Bibel wichtig zu bedenken, dass sich der Orientale gerne in Bildern ausdrückt. Er kann dadurch seiner Darstellung eine tiefere Bedeutung geben. Daher enthält die Bibel so viele Bilder. Für uns Abendländer ist es bedeutsam, was „wirklich" war. Wir messen der tieferen und umfangreicheren Aussage durch Bilder weniger Wert zu. Es ist aber zu beachten, dass uns die Botschaften der Bibel den Weg zu unserem Heil aufzeigen wollen - sonst nichts.

Das Buch Exodus (AT, Exodus 1-40)

Ich will dieses Buch, das den Auszug der Israeliten aus Ägypten unter der Führung des Moses sehr ausführlich schildert, nicht zur Gänze zitieren.
Es wird darin die Volkswerdung der Israeliten und ihre Fronknechtschaft in Ägypten beschrieben und wie dann Moses über die ägyptischen Plagen erreicht, dass er sein Volk aus der Gefangenschaft ins „gelobte Land" führen darf. Begeistert folgen die Israeliten Moses. Als sie dann durch die Wüste müssen und Schwierigkeiten auftreten, beginnen sie zu murren und sie sehnen sich wieder nach den „Fleischtöpfen" in Ägypten.
Auch diese Geschichte kann objekt- oder subjektstufig gedeutet und zu einer Botschaft werden, die im Leben wichtig sein kann.
Objektstufig vergleiche ich sie z.B. mit der Befreiung Russlands durch Gorbatschow aus der Unterjochung durch den Kommunismus. Als die Russen durch die „Wüste" mussten und zu wenig zum Essen hatten, riefen auch sie wieder nach dem Kommunismus.
Subjektstufig gilt „der Auszug aus Ägypten" für jeden Menschen. Auch wir müssen in unserem Leben aus der schützenden Umzäunung des Elternhauses aufbrechen und unser „gelobtes Land" su-

chen. Wir müssen es uns zutrauen, zu dem zu werden, was unserer Bestimmung entspricht.

Der brennende Dornbusch

In einer Einzelsitzung sagte ich zu einer Frau, dass sie mit geschlossenen Augen einfach irgendein Bild aus der Bibel kommen lassen solle. Vor ihrem geistigen Auge erschien das Bild vom brennenden Dornbusch. Dann verlangte ich in der gleichen Vorgehensweise ein Bild aus ihrem Leben. Es kamen ihre Väter.
Die Frau ist ein uneheliches Kind. Später heiratete ihre Mutter einen anderen Mann, der ihr Stiefvater wurde. Sie erlebte beide Väter als sehr verletzend. Ihr leiblicher Vater wollte weder mit ihrer Mutter noch mit ihr etwas zu tun haben. Dem Stiefvater konnte sie nichts recht machen.
Wenn ich nun das biblische Bild als frohe Botschaft mit dem Lebensbild vergleiche, was sagt es mir dann?
Wir können uns kein Bild machen von Gott, aber wir dürfen sein Wirken erfahren.
Gott zeigt sich hier als derjenige, der die Dornen, die Verletzungen durch die Väter verbrennt. Der liebende Gott lässt die seelischen Wunden vernarben.

Die Botschaft der Heiligen Nacht

Weihnachten ist für mich das beeindruckendste Fest im Jahreskreis. Die liebliche Bildergeschichte um die Geburt Jesu berührte als Kind mein Innerstes. Da ich im Salzkammergut aufwuchs, erlebte ich viele vertraute Bräuche zu diesem Fest. Alle diese Ereignisse blieben für mich eng mit dem Feiern von Weihnachten verbunden. In unserem abendländischen Denken haben wir aus dieser bildhaften Frohbotschaft ein historisches Geschehen werden lassen.

Wissenschaftliche Forschungen wollen uns dazu besondere Sternkonstellationen aufzeigen oder beweisen, dass es einen Kindermord unter Herodes nicht gab. Wenn wir Weihnachten nur als ein geschichtliches Ereignis, das sich vor 2000 Jahren zutrug, sehen, dann hat uns die eigentliche Botschaft der Heiligen Nacht nicht erreicht.

„Angelus Silesius", der vor 400 Jahren lebte und katholischer Priester in Breslau war, trifft den Kern des Weihnachtsgeschehens viel besser, wenn er sagt: „...wird Jesus tausendmal in Bethlehem geboren und nicht in dir: du bleibst doch ewiglich verloren...."

Die Weihnachtsbotschaft kann mich nur erreichen, wenn ich das Geschehen in mein Innerstes verlege. Der Stall mit der Krippe ist dann mein innerster Seelenbereich. Das heißt für mich: in mir kann es noch so armselig ausschauen, dunkel und kalt sein, Jesus möchte in mir geboren werden. Ochs und Esel könnten ein verstärkendes Beiwerk sein, das heißt: selbst meine Dummheit und Sturheit stören ihn nicht. Es ist für mich tröstlich, dass es Jesus nicht um meine Würdigkeit, sondern um meine Bedürftigkeit geht.

Wenn Jesus in mir lebendig wird, dann erhellt sich mein Innerstes. Freude zieht ein. Mein Leben ändert sich. So kann die frohe Kunde der Heiligen Nacht für jeden Menschen wirksam werden. Hier wird uns deutlich, dass es nicht um die Realität geschichtlicher Ereignisse geht, sondern um die Wirkkraft symbolischer Bilder.

Maria und Marta: Luk. 10,38-42

Sie zogen zusammen weiter, und er kam in ein Dorf. Eine Frau namens Marta nahm ihn freundlich auf. Sie hatte eine Schwester, die Maria hieß. Maria setzte sich dem Herrn zu Füßen und hörte seinen Worten zu. Marta aber war ganz in Anspruch genommen, für ihn zu sorgen. Sie kam zu ihm und sagte: Herr, kümmert es dich

nicht, dass meine Schwester die ganze Arbeit mir alleine überlässt? Sag ihr doch, sie soll mir helfen! Der Herr antwortete: Marta, Marta, du machst dir viele Sorgen und Mühen. Aber nur eines ist notwendig. Maria hat das Bessere gewählt, das soll ihr nicht genommen werden.
Lange Zeit war mir diese hier geschilderte Begebenheit nicht klar. Wenn über diese Bibelstelle gepredigt wurde, dann passte ich besonders auf. Ich bemerkte meist, wie sich die Prediger bemühten, die tüchtige Marta nicht zu kurz kommen zu lassen. Schließlich ging es ja irgendwie um die Hausfrauen und ihre Arbeit und da wollte man auch niemand kränken. Ich war aber mit keiner Auslegung dieser Bibelstelle zufrieden. Nichts traf wirklich ins Schwarze. Eines Tages wurde mir die Botschaft dieser Stelle klar und ich erkläre sie heute so: Wenn wir immer zuerst den täglichen Kleinkram erledigen wollen, und uns erst dann dem Eigentlichen zuwenden, geht uns das Wichtigste verloren. Maria nahm sich die Zeit, um Jesus zu hören und erlebte ihn. Marta dagegen brachte vielleicht noch alles in Ordnung und machte dann noch eine Jause zurecht. Als sie mit allem fertig war, verabschiedete sich Jesus.
Diese Botschaft können wir auch subjektstufig auslegen. Maria und Marta sind dann beide in mir und ich muss abwägen, damit ich in meinem Leben die richtige Wahl treffe.

Elternbotschaften wie „Zuerst die Arbeit, dann das Spiel!“ oder „Erledige zuerst alles, dann lass es dir gut gehen!“ können in uns die Marta zu stark werden lassen. Für Maria ist dann kein Platz mehr.

Der Sturz des Drachen Off. 12. 7-9

Da entbrannte im Himmel ein Kampf; Michael und seine Engel erhoben sich, um mit dem Drachen zu kämpfen. Der Drache und seine Engel kämpften, aber sie konnten sich nicht halten, und sie verloren ihren Platz im Himmel. Er wurde gestürzt, der große Drache, die alte Schlange, die Teufel oder Satan heißt und die ganze Welt verführt; der Drache wurde auf die Erde gestürzt, und mit ihm wurden seine Engel hinabgeworfen.

Wenn ich diese Bildervision subjektstufig deute, dann ereignet sich dies alles in mir. Es geht um meine guten Eigenschaften oder Lichtseiten, die ich herzeigen kann und meine schlechten, die Schattenseiten, die ich verstecken muss. Bei diesem Kampf siegten die Lichtseiten. Als Himmel gilt symbolisch mein Bewusstsein und die Erde ist mein Unbewusstes, in das ich alles verdränge, was mir nicht passt. So wurden die dunklen Eigenschaften ins Unbewusste gestürzt und treiben dort ihr Unwesen. Jede positive Eigenschaft hat einen „dunklen Bruder". So hat der Fleiß die Faulheit, die Ordnung die Schlampigkeit, die Sparsamkeit die Verschwendung usw. In unserer Gesellschaft werden bestimmte Eigenschaften als gut und andere als schlecht bewertet. Diese Eigenschaft kann ich persönlich noch verstärken, wenn ich mein Leben besonders ideal gestalten möchte. Dann werden meine Schattenanteile noch stärker als „böse" gesehen.

Aber gerade diese Verhaltensweise schadet dem Menschen. Wenn in mir beide zusammengehörenden Eigenschaften sein dürfen, dann lebe ich gut. Die beiden gegenteiligen Eigenschaften können sich ergänzen oder gegenseitig bremsen. Da beide in mir bewusst sein dürfen, kann ich sie auch wahrnehmen und damit umgehen lernen. Und so wie ich mit ihnen gut leben kann, so vermag ich sie auch bei meinen Mitmenschen unbewertet zu belassen. Es gibt dann keinen inneren Kampf in mir, keine Sieger oder Verlierer. Beide Eigenschaften können friedlich und nebeneinander in mir sein. Und da keine Eigenschaft um die Vormachtstellung zu kämpfen braucht, vermag ich auch die Mitte von beiden zu leben.

Diese Sicht von Gut und Böse hat auch mit meinem Gottesbild zu tun. Da es die menschlichen Möglichkeiten übersteigt, uns von Gott ein Bild zu machen, so will ich das mit einem künstlerischen Bild vergleichen. Wenn so ein Bild nur Lichtseiten hätte, dann wäre es oberflächlich und plakativ. Erst die ergänzenden Schattenseiten geben dem Bild die Tiefenschärfe und die Wirkung. So kann man annehmen, dass auch in Gott alles da ist und sich harmonisch ergänzt.

Weiters möchte ich darauf hinweisen, dass Menschen, die so übertrieben nur das Gute leben wollen, unmenschlich werden. Meist isolieren sie sich durch diese Haltung. Dabei schauen sie nur auf diejenigen hinunter, die ihr Leben anders gestalten. Wenn so eine Haltung in einer Gemeinschaft praktiziert wird, dann kommt die als böse „verteufelte" und ins Unbewusste verdrängte Schattenseite in einen gemeinsamen „Topf". Diese negative Energie wirkt dann zerstörerisch auf die ganze Gemeinschaft.

Das paulinische Bild von der christlichen Gemeinschaft

Der Apostel Paulus vergleicht eine christliche Gemeinschaft mit einem menschlichen Körper. Jedes Mitglied ist ein Organ dieses Leibes. Im Zusammenwirken der einzelnen Organe kann der Körper lebendig bleiben. Ist ein Teil krank, so leiden alle daran.

Dieses Bild hat eine sehr große Aussagekraft und gilt für alle Gemeinschaften. Es geht einmal in einer Gemeinschaft um das einzelne Mitglied und um das Zusammenwirken aller. Ein Körper kann nur gut leben, wenn alle Organe gesund sind und ihre spezifischen Aufgaben erfüllen. Zu allererst ist es daher wichtig, dass ein jedes Mitglied - also jeder Mensch - seine einmaligen Anlagen und Fähigkeiten leben und entfalten darf. Im weiteren ist es bedeutsam, dass jedem in seiner Gemeinschaft eine einmalige Aufgabe zukommt, die nur er zu erfüllen vermag. Psychologisch gesprochen heißt das, dass ein jeder Mensch möglichst sein wahres Selbst leben soll. Und damit er seinen Beitrag leisten kann, muss er sich auch selbst gut versorgen. Nur dann kann er uneigennützig auch für andere da sein. In diesem paulinischen Bild wird aufgezeigt, dass alle Organe gleich wichtig sind. Leidet eines, so leiden alle. Das sagt uns auch, dass alle gleichermaßen zu achten sind. Keiner ist bedeutender als der andere, daher darf auf keinen hinabgeschaut werden. Die Aufgaben, die für die Gemeinschaft zu leisten sind, können der Art nach verschieden sein. Sie sind aber nicht nach der Bedeutung zu werten.

Zugleich zeigt uns dieses Bild, dass erst im vielseitigen Zusammenwirken das Ganze lebendig sein kann. Anders ausgedrückt heißt das: die gute Einheit einer Gemeinschaft muss sich aus einer Vielfalt zusammensetzen. Doch herrscht oftmals auch in christlichen Gemeinschaften der Irrtum vor, dass die Gleichheit für die Gruppe erforderlich sei. Gleich sollen die Ansichten, Einstellungen und Verhaltensweisen sein. Verstärkt wird diese Fehlhaltung, wenn einer von uns Menschen zu wissen glaubt, was für alle das Richtige und Wahre sei.

Ein Heiliger - ein Vor-Bild zum Nachleben?

Uns wird leider zu oft vermittelt, dass ein Heiliger ein in jeder Hinsicht fast fehlerloses Leben führte oder sich seinen Status durch extreme Leistungen erarbeitete. Ein weiterer Weg wäre der eines Asketen, der sich leibtötend den Himmel verdient.

Solche und ähnliche Lebensbilder von Heiligen werden einem mit dem Hinweis gezeigt, sich an ihnen ein Beispiel zu nehmen und sie nachzuleben.

Heilige so zu sehen und sie in dieser Art als Vorbild hinzustellen finde ich nicht richtig. Ich meine, dass hier ein falscher Weg aufgezeigt wird.

Es ist meine Überzeugung, dass in einem tieferen Sinn alle Aussagen eines Menschen einander ergänzen oder übereinstimmen müssen. Wenn für mich ein jeder Mensch einmalig ist und seinen einmaligen Lebensweg zu gehen hat, dann kann ein Mensch einen anderen nicht nachleben. Da müsste er sein eigenes Selbst aufgeben und ein fremdes leben. Dies kann aber keinesfalls ein guter Weg sein.

Für mich ist ein Heiliger ein Mensch, der durch sein Leben auf etwas hinweist, das in der Gesellschaft nicht mehr gesehen wird. Dabei tritt die moralische Bedeutung in der Bewertung eines solchen Menschen in den Hintergrund. Er wird durch seine gelebte Botschaft zu einem Werkzeug Gottes, der uns durch ihn eine neue Orientierungsmöglichkeit bietet.

Meine Vorstellungen will ich an Hand zweier Heiliger verdeutlichen.

Der erste Heilige ist Franz von Assisi. Er besaß alles, was sich ein Mensch für ein schönes Leben nur wünschen konnte. Er war wohlhabend, gebildet, gesund, jung und schön. In seiner schönen Heimat Umbrien besaß er alles für ein glückliches Dasein.

Wenn nun so ein Mensch auf alles verzichtet und sich für ein Leben mit Gott entscheidet, dann ist er entweder verrückt oder tatsächlich ein Werkzeug Gottes. Für uns ist es heute leicht zu sagen, dass er eine Botschaft im Dienste Gottes gelebt hat. Durch sein Leben hat der heilige Franz von Assisi den Menschen aufgezeigt: es gibt einen höheren Wert als ein Leben in Saus und Braus.

Damit hat er den Menschen einen Hinweis vorgelebt für eine Neuorientierung. Das heißt aber nicht, dass alle Menschen auch seinen Weg zu gehen hätten.

Der zweite Heilige ist Nikolaus von Flue. Er war Vater von zehn Kindern, wohlhabender Bergbauer, Ratsherr, Richter und Tagsatzungsgesandter in der Schweiz. Mit ca. fünfzig Jahren verließ er seine Familie und wurde Einsiedler. Als Mystiker, Berater von Staats-

männern und erfolgreicher Friedenstifter leistete er wertvolle Dienste für die Gesellschaft.
Auch an ihm können wir im Nachhinein erkennen, dass er dem Ruf Gottes folgte und so zu seinem Werkzeug für uns wurde. In der bürgerlichen Schweiz, wo damals alles im Kantönligeist wohlgeordnet war, musste so ein Schritt eines höchst angesehenen Mannes Verwirrung auslösen. Doch auch er wies mit seinem Leben auf einen Wert hin, der für viele nicht mehr vorhanden war. Bei ihm wird es noch deutlicher verständlich, dass dies nicht ein Lebensweg für viele Menschen sein kann.
Diese Ausführungen über die Bilder von Heiligen zeigen nochmals, wie wesentlich es ist, immer mehr sein eigenes Selbst zu leben. In der Entfaltung unserer einmaligen Anlagen und Fähigkeiten im Hinblick auf ein geglücktes Leben ist aber auch der Auftrag enthalten, in der sich entwickelnden Welt unseren Anteil zu leisten.

Mein Bild von Gott

Wir alle haben ein Bild von Gott. Es ist nur zu hinterfragen, ob wir uns dessen bewusst sind.
Für mich ist es wesentlich, dass mir Gott ein Gegenüber ist. Einer, auf den ich hin- oder zu dem ich aufschauen kann und der mit mir in Beziehung steht. Da ist es dann weniger bedeutsam, was ich glaube; es ist wesentlich, wie ich glaube. Wie dieser Glaube in meinem Leben wirkt.
Als Mensch werde ich immer wieder die Not verspüren, dass ich unfähig bin, mir ein Bild von Gott zu machen. Er bleibt mir auch als Vorstellung der Verborgene. Wir müssen es ein Leben lang ertragen, ihn nicht begreifen zu können. Es ist uns aber möglich, sein Wirken zu erfahren.
Er ist für uns da, schon bevor wir ihn zu suchen beginnen. Wo aber sollen wir ihn suchen? Dazu als Antwort zwei Aussagen bedeuten-

der Persönlichkeiten:
Martin Buber, der bekannte jüdische Philosoph und Religionswissenschafter schreibt:

„Gott wohnt, wo man ihn einlässt.
Man kann ihn aber nur dort einlassen,
wo man tatsächlich steht, wo man lebt."

Der katholische Priester Martin Gutl, der zuletzt Rektor des Bildungshauses Maria Trost war, schreibt in seinem Gedicht:

„Gott ist in dir!
Warum suchst du ihn überall
in den schönen Kirchen
landauf und landab
nur nicht in dir?
Gott ist die Liebe!
Warum glaubst du das nicht?
Gott spricht zu dir!
Warum wirst du nicht still,
um ihn zu hören?"

Damit einem überhaupt Gotteserfahrungen geschenkt werden können, muss man zu allererst bei sich selber sein, sein wahres Selbst immer mehr zu leben versuchen.
Auch hier erleben wir oftmals die Fehlhaltung, dass uns die Selbstlosigkeit als Ideal gepriesen wird.
Zu unserem Glauben gehört auch der Unglaube. Erst wenn wir diesen auch als zu uns gehörig akzeptieren, können wir echt gläubig werden.
Die Fähigkeit, immer mehr sein Selbst zu leben ist eine wesentliche Grundlage für eine tiefe Religiosität, die mir für ein erfülltes Leben unverzichtbar erscheint.
Damit falsche Gottes- oder Götzenbilder wie Geld, Macht, Ansehen

und Erfolg wachsen können, muss der Mensch zuerst sich selbst entfremdet und auf sein Ich reduziert werden. Dann wird es durch die ständig einwirkende Werbung möglich, ihn zu manipulieren. Es werden dadurch künstliche Bedürfnisse erzeugt, die dann befriedigt werden müssen.

Damit das leichter geschehen kann, plant man eine gleitende Arbeitszeit, damit die Arbeitsplätze und Maschinen besser genützt werden können. Es geht schließlich nur noch um Wettbewerb und Gewinn. Auch die verbleibende Freizeit soll ausgenützt werden. Alles dient dazu, dass der Mensch nicht mehr zur Besinnung und zur Ruhe kommt.

Die Religion vermittelt uns, dass Gott unser Erlöser sei. Durch ihn werden wir unser Heil erfahren. Er kann unsere Not wenden.

Wer aber will heute noch lange auf etwas warten?

In dieser unsicheren Zeit, wo die Kirchen abgeschrieben werden, der Staat sich überall zurückzieht und Ideologien machtlos werden, da bleiben nur noch die „Unternehmer" übrig. Sie versprechen uns ein gutes Leben und die Erlösung aus unseren Alltagssorgen. So werden sie zu einem Gottes-Ersatz. Vielleicht wird uns das bewusster, wenn wir uns näher umsehen.

In der Werbung heißt es: „Du sollst keine andere Jeans neben mir haben!" Autohersteller wie VW und Skoda bauen „Marken-Tempel" - und „Kulthäuser". Reisebüros bieten ihre „Paradiese" an. Wissenschaftler sind dabei, den Menschen neu zu schaffen, einschließlich der Ersatzteillager.

Auch führende Politiker ohne weltanschauliche Ausrichtung richten sich nach dem, was am besten funktioniert. Damit fördern sie aber auch dieses krankmachende System und beten das „goldene Kalb" an.

Was für eine Zukunft hat dann überhaupt noch der Glaube an einen Gott?

Der international geschätzte Konzilstheologe Karl Rahner, Jesuit und

Dogmatikprofessor, sagte: „Der Christ der Zukunft ist entweder ein Mystiker oder gar nichts."

Sicher gibt es viele Wege zu Gott. Vielleicht so viele als es Menschen gibt. Je mehr wir unser Selbst leben, desto mehr kann uns die Abhängigkeit von Gott bewusst werden. Und paradoxerweise macht gerade diese Abhängigkeit frei. Wir Menschen können uns Gott nur im Vertrauen an ihn nähern, nicht durch Einsicht und Wissen. Und dieses hingebende Vertrauen an den liebenden Gott, der sich uns in Jesus Christus offenbarte, ist die Grundlage der Mystik, die Gotteserfahrung ermöglicht.

Jeder von uns braucht Gott für ein erfülltes Leben, so wie ihn auch die Welt braucht.

Auf uns im Laufe des Lebens einwirkende Bilder

Archetypen

Am Anfang unseres Daseins im Mutterleib leben wir seelisch im Unbewussten. Während das Ungeborene körperlich die Entwicklungsphasen des Menschen durchwächst, entwickeln sich auch alle Sinne. Durch diese nehmen wir schon sehr bald etwas wahr. In dieser Phase hat das Ungeborene noch kein Bewusstsein. Wir können höchstens von einem „Spürbewusstsein" sprechen.
In dieser Zeit hat das Unbewusste des Kindes auch eine geheimnisvolle Verbindung zum Unbewussten der ganzen Menschheit. In diesem kollektiven oder universalen Unbewussten sind die bedeutsamen Ereignisse der Menschheit als Urbilder allgemein menschlicher Erfahrung gespeichert. Diese Lehre stammt von C. G. Jung, der diese Urbilder oder großen Geschichten „Archetypen" nannte.
Es gibt so viele Archetypen wie allgemeine menschliche Verhaltensweisen existieren. Zum Beispiel: Mutter- oder Vatertyp, Helden, Sieger, Helfer, Krieger, Friedensstifter, usw.
Der Name „Archetypus" kommt aus dem Griechischen. Er setzt sich aus arche = urtümlich/grundlegend/ ursprünglich und typos = etwas, das einen Abdruck oder Eindruck hinterlässt, zusammen.
Bei der Geburt dominiert ein Archetyp und wirkt auf das Wesen des Ungeborenen ein. Das Kind kommt also nicht bildlos auf die Welt. Unseren prägenden Archetypus können wir nie in seiner Ganzheit bewusst erleben. Er kann Seiten von sich in symbolischen oder archetypischen Bildern zeigen. Dies geschieht in Träumen, Phantasiebildern und Imaginationen. Unser Archetypus macht sich auch im zwischenmenschlichen Bereich bemerkbar. Er beeinflusst unsere Sympathie oder Antipathie gegenüber bestimmten Menschen.

In der Mitte unseres Lebens löst meist ein zweiter Archetyp den ursprünglichen ab. Dadurch ändern wir oft unsere Wertvorstellungen und Verhaltensweisen.
Es können aber auch mehrere Archetypen in mir wirksam sein.

Projektion von Bildern

Im ersten Lebenshalbjahr, in der sensorischen Phase, nimmt das Kind die Umwelt mittels der Sinne wahr. In das Wahrgenommene werden Eigenschaften hinein-projiziert und dieses dann auch so „gefärbt" gesehen. Die Dynamik des Kindes geht von innen nach außen. In späteren Jahren kann diese Dynamik insofern Gestalt annehmen als wir uns über unsere Wahrnehmungen auch äußern können. So kann zum Beispiel über einen eben erlebten Sonnenuntergang ein Gedicht verfasst oder ein Bild gemalt werden. Dieses wird aber nicht fotographisch genau sein, sondern mitgestaltet durch unsere ganz persönlichen Eigenschaften und inneren Bilder.

Introjektion der Bilder

Im zweiten Halbjahr ist das Haupterlebnisthema des Kindes die Nahrungsaufnahme. Diese Entwicklungsphase ist die orale, den Mund betreffende Phase. So wie die Nahrung aufgenommen wird, so werden auch Bilder verinnerlicht. Die Dynamik geht von außen nach innen. In dieser Zeit ist es besonders bedeutsam, wie die Mutter ihr Kind sieht. Kann sie das Kind lieben wie es ist, dann verinnerlicht das Kind dieses Bild und kann sich unbewusst als liebenswert erleben. Es werden aber auch andere Vorgänge bildhaft verinnerlicht. Wird das Kind, wenn es auf Nahrung wartet, gut und verlässslich versorgt, dann entsteht das innere Vorstellungsbild dass die Umwelt verlässlich ist. So wächst das Urvertrauen. Nimmt sich die Mutter genügend Zeit zum Baden, dann erfährt das Kind, dass es für die Mutter wichtig ist. So kann sich das Selbstwertgefühl entfalten.

Einem Vorbild nachleben

Im zweiten und dritten Lebensjahr geht es um die richtigen Verhaltensweisen des Kindes. So ca. vom 18. Lebensmonat bis zum dritten Lebensjahr ist die Zeit der Loslösung von der Mutter. Das Kind beginnt das eigene Selbst zu leben. Das Erleben der guten Mutter, die da ist und etwas erlaubt und der bösen, die etwas verbietet oder nicht anwesend ist, begleitet diesen Prozess.
In dieser Zeit der Autonomiebildung sind die Anerkennung und das Loben für das Kind sehr wichtig. Dafür kann das Kind sogar seine Selbstentfaltung opfern und nach den Vorstellungen der Eltern leben. Die Erzieher geben dem Kind ein Vor-Bild, das es zu leben gilt, um gelobt zu werden. Das Kind lernt, dass es nicht wichtig ist, was es selbst will. Oft aber gilt nur, was die übermächtigen Eltern und Erzieher wollen. Damit wird aber die Verfremdung des Kindes in die Wege geleitet. Ideal wäre es, wenn das Kind die Anerkennung und Liebe besonders dann bekommt, wenn es sein Selbst lebt.

Die Bilderrolle spielen

Etwa vom vierten bis zum sechsten Lebensjahr tritt für das Kind die Rolle als Bub oder als Mädchen in den Mittelpunkt seiner Lebensinteressen. Es macht Pläne und träumt von einer einmaligen Zukunft. Zugleich kann es sich in diese Bilderrollen ganz hinein begeben und diese erleben. Dabei verschmelzen die reale und die phantasierte Welt. Kinder, die hier ihre stärksten Prägungen erhalten, können oftmals Wahrheit und Lüge kaum voneinander unterscheiden. Was es nicht haben will, verdrängt es.

Verstärkt wird für das Kind die Haltung zum Rollenspiel besonders dann, wenn Eltern ein Kind zum Schiedsrichter im Partnerkampf machen, oder sich ein Elternteil das Kind für seine Unterstützung „kauft". Zu dieser Zeit schaut sich das Kind die Lebensgestaltung der Eltern genau an. Wenn sie „unehrliche Spiele" spielen, so verinnerlicht das Kind unbewusst, man müsse jedem das Passende vorspielen.

Die Suche des Selbst-Bildes in der Pubertät

Der Beginn der Pubertät hat sich heute weit nach vorne verlagert. Bei Mädchen kann diese Phase schon mit acht Jahren, bei Buben meist ab dem 12. Lebensjahr beginnen. Die Pubertät ist für die Jugendlichen eine Zeit des Umbruchs. Sie sind keine Kinder mehr und auch noch nicht erwachsen. Einerseits sind sie noch mehr als ihnen lieb ist ans Elternhaus gebunden, andererseits wollen sie wie Erwachsene alles neu und anders gestalten. Sie erleben vieles zwiespältig in dieser Zeit. Da die klare Orientierung noch nicht erreicht ist, bleiben Jugendliche passiv, zuwartend. Dies zeigt sich oftmals dadurch, dass man die Jugendlichen meist in Gruppen auf verschiedenen Plätzen „rumlümmeln" sieht. Sie erleben sich und die Umwelt anders und können damit noch nicht für sich selbst zufriedenstellend umgehen, daher sind sie verunsichert. Das löst unbewusst Ängste aus, die aggressiv - gegen sich selbst oder die Umwelt - ausgelebt werden. Es ist eine Zeit, die von allen Verständnis erfordert.

Die Jugendlichen trauen den Erwachsenen nicht ganz in der Pubertät und meinen, dass sie ohnehin nicht verstanden werden. Daher werden noch so gut gemeinte Gesprächsangebote häufig schroff abgelehnt. Die Jugendlichen erleben diese Angebote mehr als Anbiederung.

Die Distanzierung von den Eltern erfordert Kraft und bedarf der

Unterstützung. Diese suchen Jugendliche dann bei Gleichaltrigen. Als Stärkend erleben sie auch gleiche Kleidung, Manieren und Ausdrucksweisen, die im Kontrast zur Erwachsenenwelt stehen.
Trotzdem brauchen die Jugendlichen die Eltern. Nur hat sich der Umgang geändert, er ist distanzierter. In dieser Zeit benötigen die Pubertierenden Sicherheit und Verständnis. Sie wollen ernst genommen und als vollwertiges Gegenüber behandelt werden. Der Jugendliche soll die Erwachsenenrolle übernehmen dürfen. Mit diesem Anderssein will der Jugendliche seine eigene Identität aufbauen. Dabei hilft ihm, wenn er oder sie die Eltern als Erwachsene erlebt und sich an ihnen reiben kann. Der Gegensatz ist hierbei oft hilfreicher als das Einverständnis bzw. die Übereinstimmung.
In dieser Zeit ist für die Tochter die Nähe der Mutter wichtig, um eine ganze Frau werden zu können. Je besser und freudiger diese ihre Fraulichkeit- und Mütterlichkeit lebt, desto leichter kann dieses Bild nachgeahmt werden. Für den Sohn ist nun der Vater gefragt. Wenn er ihn als ganzen Mann erlebt, dann kann auch er diesem verinnerlichten Bild entsprechen. Wenn er aber nur über die Mutter erfährt, wie ein Mann ist oder zu sein hätte, dann fehlt ihm ein Leben lang die wirkliche Männlichkeit.
Am Ende der Pubertät ist aber auch die gegengeschlechtliche Elternrolle wieder besonders bedeutsam und hat Einfluss auf die spätere Partnerwahl. Wenn z.B. der Vater mit dem Frau-Werden der Tochter nicht gut umgehen kann, dann kann sie ihn oder andere Männer im weiteren Leben dafür „bestrafen". Dazu einige Beispiele zur Verdeutlichung:

Strafe für den Vater:
Der Vater ist ein Fremdenhasser. Die Tochter heiratet einen Farbigen.

Der Ehemann wird anstelle des Vaters bestraft:
Die Tochter möchte mit dem Vater Eis essen gehen. Er hat keine

Zeit, gibt ihr aber das Geld, damit sie sich das gewünschte Eis kaufen kann. Das erlebt das Mädchen als verletzende Entwertung, denn, das Eis war nur ein Vorwand, um mit dem Vater beisammen sein zu können.
Wenn dieses Mädchen später als Frau von ihrem Ehemann Geld als Geburtstagsgeschenk bekommt, wird die einstige Verletzung durch den Vater wieder aktualisiert. Sie reagiert beleidigt darauf.

Die Männer werden bestraft:
Im Extremfall kann sich eine Tochter durch Prostitution am Vater und an anderen Männern rächen. Sie genießt es dabei, Männer als klein und unbedeutend zu erleben.

Der Baum als Symbolbild meines Er-Wachsen-Seins:

Gerade das Bild des Baumes hat eine vielfältige, symbolhafte Aussagekraft. Ob es sich um Wachstum, Veränderung, Verwurzeltsein, Kraft des Lebendigen, Hemmung oder Verletztheit des Lebensflusses, usw. handelt, es wird immer vieldeutig und nie ganz auslotbar sein.

Trotzdem will ich meine diesbezüglichen Erfahrungen aus Gruppen- und Einzelarbeit aufzeigen. Die Teilnehmer ließen zuerst ein inneres Bild von ihrem Baum kommen, den sie anschließend zeichneten oder malten. Dann ließ die Gruppe das Bild als Gesamtes auf sich wirken. Über diese Gesamtwahrnehmung wurde dann gesprochen. Erst dann gingen wir ins Detail. Dabei war es hilfreich, den Baum nacheinander im Wurzel-, Stamm- und zuletzt Kronenbereich zu betrachten. Erst dann sahen wir uns noch an, wo der Baum auf dem Blatt stand und was noch zu sehen war. Nach den Gesamtdeutungsversuchen aller Teilnehmer sprach der betroffene Zeichner darüber, was ihn berührte, was ihm deutlich wurde und was er nicht so sehen konnte.

In den folgenden Bildern werden die Ergebnisse beschrieben.

Abbildung 3:

Den Baum malte ein Geschäftsmann, 40 Jahre alt, verheiratet, zwei Kinder.

Der Gruppe fiel auf, dass die Schnittstelle eines Astes einer alten Wählscheibe eines Telefons glich. Außerdem, dass von der Krone des Baumes wenig zu sehen war und alles in Braun gezeichnet war. Seine Frau, die auch zu den Teilnehmern gehörte, sagte, dass ihr Mann sich immer nur von der besten Seite zeige. Sie könne ihn nie als Ganzes wahrnehmen. Der Zeichner entgegnete, dass er sich dessen, was seine Frau sage, nicht bewusst sei. Er habe aber oft das Gefühl, dass er es seiner Frau nicht recht machen könne. So wähle er ein Verhalten (Wählscheibe), mit dem er meint, seiner Frau entsprechen zu können. (Abbildung 3)

Die Zeichnerin der Abbildung 4 lehrt an einer höheren Schule. Sie erlebte ihre Kindheit in einer sehr streng katholischen Familie. Sie lebt derzeit alleine weit weg von ihrer Herkunftsfamilie.

Der Gruppe fiel sofort das Auge im Wurzelbereich, der abgeschnittene Stamm und die Prinzessin in der Krone des Baumes auf. Das Auge steht symbolisch für „das Auge Gottes sieht alles", aber auch für die strengen Blicke der Eltern. Unter dieser stets gegenwärtigen Aufsicht konnte sie sich nicht eigenständig entfalten. Sie musste den Eltern, die auch Gott für ihre Erziehung missbrauchten, entsprechen. Das zeigt wohl der abgeschnittene Stamm auf. Dafür wurde sie zur Prinzessin der Eltern.

Sie war verheiratet. So wie sie von der Mutter gegängelt wurde und damit nicht zurecht kam, so erlebte sie die Einmischungen der Schwiegermutter in ihre Familie. Diese Verknüpfung mit dem Weiblichen wird auch farblich betont durch den Mond (weibliches Symbol) und die Prinzessin (für die Zeichnerin). Dabei zeigt uns die gelbe Farbe den Wunsch nach Weite und Befreiung aus dieser verfremdenden Verbindung an.

Da die Zeichnerin ihr eigenes Selbst nicht entfalten durfte, musste sie ihrem Ideal-Selbst, der Prinzessin, entsprechen. Diese hohen Lebensziele überforderten sie aber ständig Deshalb konnte sie innerlich nie zur Ruhe kommen, da die Verfremdungsprozesse weiter gefördert wurden.

Um dem „Auge Gottes", das alles sieht, gerecht zu werden, musste sie sich mit ihm ganz eng verbinden.

Abbildung 4

Abbildung 5

So konnte sie wenigstens für einige Zeit Frieden finden.
Der uns liebende Gott hätte wahrscheinlich gesagt: „Sei immer mehr du selbst! So mag ich dich mit all deinen Schwächen und Fehlern! Und so brauchst du mich und ich werde immer für dich da sein."
Diese Deutung wurde von der Betroffenen mit dem Hinweis bestätigt, dass sie sich oft als fremd erlebe.

Eine Jungakademikerin, verheiratet, zwei Kinder, malte den Baum in Abbildung 5. In ihrer Herkunftsfamilie war Leistung sehr wichtig, vor allem während des Studiums. Die Gruppe bemerkte, dass der Wipfel der Pappel fehlte und der Baum gleichsam nach oben strebte.
Tatsächlich vermittelt dieser Baum das Streben nach oben, nach hohen Zielen. Dem wird alles untergeordnet. Da die Spitze des Baumes fehlt, kann man annehmen, dass das eigentliche Ziel noch nicht erreicht wurde oder noch unklar ist. Irgend etwas fehlt noch. Oder die Zeichnerin kann sich in ihrem Streben nicht beschränken und überfordert sich.
Die Zeichnerin des Baumes sagte, dass diese Deutungen genau zuträfen. Jetzt sei sie dabei, sich zu ändern, da ihr der bisherige Lebensstil zu anstrengend werde.

Franz (Abbildung 6) ist ein Zweitgeborener mit zwei jüngeren Schwestern. Der erstgeborene Bruder starb in jungen Jahren bei einem Verkehrsunfall, erst 34 Jahre alt. Franz führt als Meister den elterlichen Handwerksbetrieb, den eigentlich der Erstgeborene hätte übernehmen sollen. Er ist noch ledig, da er die Richtige noch nicht gefunden hat.
Bei der Wahrnehmung des Bildes durch die Gruppe fielen die Worte „brav", „folgsam", „geordnet", „leer", „unfertig". Im Bild war nichts Eigenständiges zu sehen. Es ist alles erwartungsgemäß da. Der abgeschnittene Ast könnte für den verstorbenen Bruder stehen. Die fehlenden Blätter deuten dann auf eine „dürre" Zeit in der Vergangenheit hin. Der Wurzelbereich ist stark betont. Das kann auf das Verwurzeltsein mit der Familie und dem elterlichen Betrieb hindeuten.

Abbildung 6

Abbildung 7

Den Baum in Abbildung 7 malte Lea, alleinstehend, Gärtnerin, 32 Jahre alt, Einzelkind einer Arbeiterin, die auch alleine lebte. Den Vater lernte sie erst vor zwei Jahren kennen.
Die Gesamtwahrnehmung der Gruppe: Baum auf einem Berg oder Alm, alleinstehend, steiniger Boden. Aus dem Gesagten und der Zeichnung konnte man folgern, dass Lea viel alleine war. Der hochgelegene Standort des Baumes deutet auf hochtrabende Lebenspläne hin. Da die Mutter nicht viel verdiente, musste sie auf vieles verzichten. Sie sah sich oft Leid, wenn sie sich mit Mitschülerinnen verglich. Manchmal log sie sogar, damit die anderen nicht merkten, dass sie sich nicht viel leisten konnte. Dies wird durch den steinigen Boden verdeutlicht. Auch der anfänglich stärkere Stamm konnte sich nicht weiterentfalten. Sie musste die einschränkende Realität erleben. Die kleine Krone des Baumes entspricht dem Gesamtwuchs und zeigt uns, dass sich Lea bescheiden den Verhältnissen angepasst hat. Lea ist auch mit ihrem Leben zufrieden.

Von meinem Selbstbild

Jeder von uns hat teils bewusst und teils unbewusst ein inneres Bild von sich. Dieses Bild prägt auch sein Verhalten und dieses wiederum sein Selbstbild. Dabei gibt es heile, aber auch wunde Stellen. Vielleicht konnten einige schon vernarben, wenn sie heilen durften.
Die Wurzeln für unser Selbstbild liegen weit zurück in der Vergangenheit. Es kann sogar generationsübergreifend auf uns etwas einwirken. Schon im Mutterleib erhalten wir unbewusst Informationen, die wir speichern. Nach der Geburt ist die Sicht der Mutter und nahestehender Bezugspersonen sehr bedeutsam. So wie die mich sahen, so sehe ich mich. Auch die vielen Erfahrungen der Lebensgeschichte haben prägende Eindrücke hinterlassen. So konnten wir vielleicht in manchen Bereichen Lob und Anerkennung er-

fahren. Ebenso mussten wir leidvolle Erlebnisse ertragen. Wenn in einem bestimmten Lebensthema wiederholt Kränkungen passiert sind, so entstehen seelische Wunden, die von alleine nicht heilen und immer wieder wehtun, wenn sie berührt werden. Als Vergleich können wir eine verletzte Zehe hernehmen. So lange diese gesund war, bemerkte man sie nicht. Erst als sie eine Wunde hatte, schmerzte jede Außenberührung. So ist es auch im seelischen Bereich.
Ein unbelastetes Thema geht einem nicht unter die Haut. Aber in einem Erfahrungsthema, bei dem wir schon seelische Verletzungen erfuhren, ist jeder sehr empfindlich. Solche vorbelastete Bereiche werden auch Komplexe genannt. Zum besseren Verständnis folgen nun ein paar praktische Beispiele:

Ein Autoritätskomplex

Ein Schüler hatte mit bestimmten Lehrern, die autoritär agierten, große Schwierigkeiten. Solche Schwierigkeiten wiederholten sich später auch bei Vorgesetzten. Die Wurzeln für derartige Probleme liegen fast immer in der Herkunftsfamilie. Dieser genannte Schüler hatte einen sehr autoritären Vater, mit dem er überhaupt nicht zurecht kam.

Minderwertigkeitskomplex

Eine Schülerin, deren Vater ein Maurer war, wurde von den Mitschülerinnen immer „blödes Maurerdirndl" genannt. Sie litt sehr unter dieser Herabsetzung. Auch als Frau erlebte sie sich lange Jahre minderwertiger als andere. Auch hier wuchs diese Einstellung schon in der frühen Kindheit. Die Mutter sagte ihr immer wieder, dass sie eine arme Arbeiterfamilie sind, die sich vieles nicht leisten kann. Gleichzeitig nannte sie noch diese oder jene Leute, die reich und angesehen waren. Diese sogenannten „Besseren" musste das

Mädchen immer freundlich grüßen. Wahrscheinlich hätten die Mitschülerinnen sie gar nicht so herabwürdigend behandelt, wenn sie ein wertvolleres Selbstbild gehabt hätte.

Spezieller Komplex

Eine Frau, so um 65 Jahre, erzählte, dass sie nur die Volksschule absolviert habe und in dieser sogar zwei Klassen wiederholen musste. Eine Sonderschule gab es in ihrem kleinen Heimatort nicht. Sie schämte sich deswegen sehr. Durch glückliche Umstände konnte sie eine Schneiderlehre machen und diese auch gut abschließen. Da sie in ihrem Beruf sehr tüchtig war, wurde diese Frau später Abteilungsleiterin in einer großen Kleiderfabrik. Eines Tages verbrannte sie alle Volksschulzeugnisse und wollte so diese beschämende Zeit aus ihrem Leben auslöschen. Aber es gelang ihr nicht. Immer wenn ein Gespräch auf die Schule kam, wurde sie verlegen und errötete. Sie tat dann alles, um dem Gespräch eine andere Wendung zu geben oder sie verließ die Runde. Schon oft hatte sie sich vorgenommen, in eine Beratung zu gehen.
Immer wieder verschob sie es, weil sie sich schämte. Sie rede heute das erste Mal zu einem Menschen darüber, sagte sie.
Viele Menschen schleppen aus der Vergangenheit so eine von ihnen als beschämend erlebte Erfahrung mit sich, die sie zutiefst in ihrem Innern verstecken. Wenn sie darüber reden könnten, würde sich so ein Komplex leicht aufarbeiten lassen. Die dadurch freiwerdende Energie könnte dann besser eingesetzt werden.
Manche Menschen leiden auch darunter, dass sie den Wünschen der Eltern nicht entsprechen konnten. Eigentlich hätte ich ein Bub werden sollen, sagte eine junge Frau. Als Kind wurde ich wie ein Bub angezogen und hatte kurz geschnittenes Haar. Und der Vater sagte immer „ mein Peppi" zu mir, obwohl ich Josephine hieß. In der Kindheit machte mir das nichts aus. Erst als ich in die Pubertät

kam, begannen die Schwierigkeiten. Irgendwie spürte ich, dass sich nun etwas ändert. Ich wusste aber nicht was. Vom Vater zog ich mich zurück und zur Mutter konnte ich nicht hin. Sie lehnte ihre Frauen- und Mutterrolle ab. Zu mir sagte sie immer, dass es die Männer im Leben viel leichter hätten. Sie sei in vielen Dingen die Benachteiligte gegenüber ihrem Mann. Diese Haltung lebte sie auch, indem sie sich unterwürfig zeigte. Seit dieser Zeit lebte Josefine irgendwie unorientiert. Körperlich zeigte sich das in Hautausschlägen. Verschiedene Ärzte konnten ihr kurzzeitig helfen, aber auf Dauer wirkte nichts.

Vorbilder

Unser Selbstbild kann auch durch ein Vorbild beeinflusst sein. Gerade als Kinder können wir voller Bewunderung zu einer Person aufschauen. Wir merken gar nicht, dass wir dieses Vor-Bild in uns speichern, um vielleicht auch einmal so zu werden. Auch dazu zwei praktische Beispiele:
Eines Tages besuchte ein Jäger in seiner schmucken Kleidung mit Gewehr und Fernglas eine Familie. Der junge Sohn sah den Jäger bewundernd an. Irgendwie war das Kind fasziniert. Als der Jäger wieder weg war, sagte der Vater zum Sohn: „Weißt, dieser Jäger hat ein Gasthaus und eine Fleischhauerei. Er ist reich und kann sich die Jägerei leisten." Für den Sohn schien die Sache erledigt und er vergaß sie bald.
Später studierte er und war in seinem Beruf sehr erfolgreich. Das Einkommen war entsprechend hoch und so wurde auch er „reich". Eines Tages machte er den Jagdschein und ist heute ein begeisterter Jäger.

Ein Gendarm erzählte, dass er eigentlich sehr spät darauf kam, warum er diesen Beruf gewählt hatte. Jetzt könne er sich erinnern, dass in seiner Kindheit einmal ein Gendarm in sein Elternhaus gekommen sei, um dort etwas zu erheben. Die Uniform und die Pistole des Beamten beeindruckten das Kind sehr. Dazu kam, dass die Eltern sehr respektvoll mit dem Gendarm redeten. Dieses Erlebnis hatte er schon längst vergessen.Trotzdem glaubt er, dass dieses Ereignis für seine Berufswahl entscheidend war.

Zum Selbstbild tragen aber auch noch viele andere Kriterien bei, wie zum Beispiel die in diesem Buch genannten Rollenzuweisungen, geheime und ausgesprochene Botschaften usw. Für ein gesundes Selbstbild ist es daher notwendig, dass wir unser Innerstes entrümpeln. Wir müssen trachten, möglichst viele Verfremdungen abzulegen und immer mehr zu unserem wahren Selbst unterwegs zu sein. Dafür ist es wichtig, dass wir uns mit großer Geduld unsere Lebenszusammenhänge bewusst machen. Dabei müssen wir bedenken, dass es nichts Sinnloses gibt in unserem Dasein. Wir müssen nur den tieferen Sinn bestimmter Verhaltensweisen herausfinden. Unser Unbewusstes kann uns dabei helfen, wenn wir es darum bitten. Dann heißt es, das mir nun bewusst Gewordene auch als zu mir gehörig anzunehmen. Erst dann kommt die Entscheidung, ob ich etwas verändern will. Das erscheint selbstverständlich, ist es aber nicht.
Von großer Geduld war vorhin deshalb die Rede, weil die Selbstfindung ein lebenslanger Prozess ist. Je mehr ich mein echtes Selbst lebe und mich dabei auch gut versorge, desto klarer kann ich mein Selbstbild wahrnehmen.

Der gute Umgang mit mir selbst

Es ist praktisch ein Kreislauf. So wie mit mir umgegangen wurde, so gehe auch ich wieder mit mir und mit anderen um. Vielleicht ist es tröstlich zu wissen, dass ein sehr ekelhafter Mensch auch

mit sich selbst nicht besser umgeht. Wenn ich gut lebe und mit mir ebenso umgehe, dann kann ich niemanden schlecht behandeln. Für den guten Umgang mit mir ist es daher bedeutsam, dass ich mir Lebenszusammenhänge genauer anschaue. Jedes Verhalten hat eine bestimmte Bedeutung. Es gibt kein „sinn-loses" Verhalten. Wir müssen es aber entschlüsseln.
An ein paar praktischen Beispielen wird diese Aussage veranschaulicht:

Susi hat Schlafstörungen. Ihr fällt aber auf, dass sie in Hotels immer gut schlafen kann. Bei der näheren Betrachtung in der Beratungsarbeit stellt sich heraus, dass die Mutter bei der Schwangerschaft zu ihr äußerst unglücklich war. Sie fühlte sich überfordert, da bereits ein kleines Kind da war. Bei einer Übung, bei der sich Susi im Mutterleib spürte, fröstelte sie und sie war völlig durchgestreckt mit den Beinen nach unten . Sie stand gewissermaßen im Mutterleib, was auch ihre Steißlagengeburt bestätigte. Da meist ein Zusammenhang zwischen der Lage im Mutterleib und der Schlafstellung im Bett besteht, schauten wir uns das näher an.
Da sich Susi im vertrautem Mutterleib nicht wohl fühlte, konnte sie in vertrauter Umgebung in der gleichen Haltung wie im Mutterleib nicht gut schlafen. Als sie das bewusst veränderte und sich mit ihrer Mutter verständnisvoll versöhnte, konnte Susi wieder durchschlafen.

Sieglinde übersiedelte mit ihrem Mann in eine andere Stadt. In dieser schauten sie sich nach einem Haus um, das sie kaufen wollten. Eines Tages fanden sie eine alte Villa, die zum Kauf angeboten wurde. Die Räume in diesem Haus waren sehr hoch. Sieglinde war von der Großzügigkeit der Räume so begeistert, dass sie das Haus kauften.
In der späteren Beratungsarbeit zeigte sich, dass Sieglinde nach

dem Krieg in eine Kleinstwohnung hineingeboren wurde. Ihr arbeitsloser Vater baute für sie unter dem Stiegenaufgang ein fensterloses Zimmer aus. In dieser niedrigen Enge erlebte Sieglinde die erste, sehr prägende Zeit ihres Lebens.

Franz, 28 Jahre alt, alleinstehend, sagte, dass er sich immer sehr schnell in Mädchen verliebe. Es dauere aber nie sehr lange, dann bedeute ihm das Mädchen nichts mehr. Da sich das jetzt schon einige Male wiederhole, müsse es wohl auch an ihm liegen.
In der folgenden Beratungsarbeit wurde es Franz klar, dass er nie wirkliche Mutterliebe bekommen hatte. Seine Mutter war verbittert, weil ihr Mann sie verlassen hatte. Sie blieb aber im Hass mit ihm verbunden und suchte keinen neuen Partner mehr.
Als Franz einsah, dass es keinen Sinn hat, diese nie erlebte Mutterliebe anderswo zu suchen, und der Mutter verzieh, konnte er seine Suche aufgeben und ein Mädchen für das, was es war, lieben.

Hugo, 42 Jahre alt, verheiratet, Vater von vier Kindern. In der Einzelsitzung erzählte er so nebenbei, dass er eigenartiger Weise sehr viel alleine und privat verreist. Er könne aber die Reisen nicht so recht genießen. Es treibe ihn dazu. Auf die Frage, ob sein Vater viel gereist sei, lachte er und sagte: „Mein Vater ist von zu Hause noch nie weg gekommen."
Später erzählte Hugo, dass er seinen Vater bezüglich dessen Reisewünschen befragt habe. Er war sehr erstaunt, als ihm der Vater von seinen unerfüllten Reisewünschen erzählte. In der Jugend, so sagte sein Vater, hatte er kein Geld. Und später wollte seine Frau nicht wegfahren, da ihr beim Auto- und Zugfahren übel wurde. Das Fliegen fürchtete sie. So gab er seine Wünsche auf, da er alleine auch nicht reisen wollte.
Wahrscheinlich hat er aber diese unerfüllten Wünsche seinem Sohn übertragen. Daher gab ihm Hugo diese wieder in seine Verant-

wortung zurück.

Wilma wurde schon als zehnjähriges Mädchen von zu Hause, für sie überraschend, in ein Internat gegeben. Sie kam dann nie mehr für längere Zeit heim. Später heiratete sie und zog noch weiter weg. Sie litt aber unter einer mit Heimweh vermischten Traurigkeit, die sie sich nicht erklären konnte. Erst als ihr eines Tages einfiel, dass sie sich von ihrer eigentlichen Heimat noch nie verabschiedet hatte, tat sie dies. Seither geht es Wilma gut.

In diesem Zusammenhang weise ich wieder darauf hin, dass wir viel mehr auf unsere Vergangenheit als auf unser Gegenüber reagieren. Auch dazu ein praktisches Beispiel aus einer Gruppenarbeit, das dies anschaulich verdeutlicht.

Leonore ist 27 Jahre alt, alleinstehend, Lehrerin. Schon sehr bald reagierte sie auf eine Gruppenteilnehmerin äußerst aggressiv, obwohl kein ersichtlicher Grund für dieses Verhalten da war. Diese junge Frau, die Leonore nicht ausstehen konnte, war sehr hübsch, trug etwas viel Schmuck und war dezent geschminkt.
Als wir uns dieses Verhalten in der Gruppe näher anschauten, erzählte uns Leonore, dass sie eine sehr hübsche Schwester habe. Zu Hause hieß es, dass sie die Gescheite und ihre Schwester die Hübsche sei. Als Leonore einmal mit einem Freund nach Hause kam, spannte ihr die Schwester diesen aus. Seither hasst sie die Schwester und kommt mit keinem Freund mehr nach Hause.
Die junge hübsche Frau hatte sie an die Schwester erinnert und ihren Zorn auf sie erregt. Ihr aggressives Verhalten galt eigentlich ihrer Schwester.

Wunden vernarben lassen

Es kann nicht oft genug und nicht ausdrücklich genug darauf hingewiesen werden, dass die Wurzeln unseres Verhaltens in der Vergangenheit, meist in der frühen Kindheit liegen. Wenn wir etwas in unserem Leben verändern wollen, dann müssen wir zuerst diese frühen Anlasserlebnisse wieder aufsuchen. Sie müssen neu erlebt und neu interpretiert werden. Dann kann so eine Wunde, die der Anlass für ein bestimmtes Verhalten war, vernarben. Das zeigt uns nun das folgende Beispiel: Andrea, 34 Jahre alt, Erstgeborene von fünf Kindern, die Eltern besitzen einen großen Bauernhof.

Sie berichtete, dass auf diesem Gut die Arbeit nie aufhörte. Die Landwirtschaft wurde als Familienbetrieb geführt. Als einzige zusätzliche Arbeitskraft war die unverheiratete Schwester des Vaters da, die den großen Haushalt versorgte. Andrea lernte als Erstgeborene schon sehr früh, auf die jüngeren Geschwister aufzupassen und überall mitzuhelfen. Nichtstun lernte sie nicht. Sie fühlte sich auch immer für alle verantwortlich. Wenn die Erwachsenen Streit hatten, entstanden in ihr Schuldgefühle. Vom Vater wurde sie nur beachtet, wenn sie krank war. Gegenüber der Mutter konnte sie sich nie durchsetzen; sie erreichte nur über die Krankheit die Erfüllung ihrer Wünsche.

Andrea kam nach der Handelsschule in das große Büro eines Steuerberaters. Ohne es sich bewusst zu machen, setzte sie das erlernte Verhalten fort. Sie stand allen Angestellten zur Seite und tat so, als wäre sie für alles verantwortlich. Dabei stellte sie alle eigenen Wünsche zurück.

Für den guten Umgang mit sich selbst muss Andrea zuallererst ihr Leben als Prägungsgeschichte sehen und versöhnend annehmen. Dann wird sie nicht umhin können, sich bewusst zu entscheiden, ob sie etwas verändern will. Erst dann kann sie in kleinen Schritten ihren Weg zu einem guten Leben beginnen. Meist bedarf es dazu aber auch der Hilfe von Fachleuten.

Ein paar Übungen zur guten Selbstversorgung

Sicher ist es empfehlenswert, wenn man in einer Gruppe Sport betreibt, Wandern oder Bergsteigen geht, Joga oder Autogenes Training lernt. Für den alleinigen, alltäglichen Gebrauch können auch nachstehende Übungen eine Hilfe sein:

Gelassenheit zum Einschlafen

Sicher haben Sie schon erlebt, dass Sie sich über irgend etwas geärgert haben. In der Betriebsamkeit des Tages ging dies wieder unter. Abends im Bett kommt dieses belastende Ereignis wieder in den Sinn und lässt Sie nicht einschlafen. Damit Sie sich davon lösen und für das Einschlafen frei werden, empfehle ich folgende Übung: Schließen Sie die Augen! Stellen Sie sich nun vor, dass Sie auf einer schönen Wiese sitzen oder liegen und Seifenblasen machen. In jede Blase, die Sie erzeugen, geben Sie eine Person oder Situation, die für Sie ein Problem darstellt und blasen Sie weg. Sie beobachten diese, bis sie zerplatzt oder in der Ferne nicht mehr zu sehen ist. Dies tun Sie so lange, bis nichts Ärgerliches oder Belastendes mehr da ist.

Oder Sie stellen sich vor, an einem Flussufer zu stehen oder zu sitzen und in diesen alles Unangenehme und Belastende zu werfen und wegschwimmen zu lassen. Für manche geht es leichter, wenn Holzstämme schwimmen und sie setzen die Personen oder alles Ärgerliche darauf.

Stärkende Gedanken

Wenn Ihnen z.B. die Erzieher nichts zugetraut haben, dann trauen Sie sich selbst auch wenig zu. Gegen klein-machende Gedanken formulieren Sie in Ihrem Inneren eine stärkende Aussage, wie zum Beispiel „Was ich wirklich will, das kann ich!“. Sie schließen nun die Augen und gehen in einen tiefen Wald. Dann rufen Sie im Geiste zuerst ganz leise und dann sehr laut Ihren stärkenden Gedanken. Anschließend horchen Sie auf das Echo. Das wiederholen Sie einige Zeit.

Kräfte tanken

Schließen Sie die Augen und achten Sie darauf, dass beide Fußsohlen auf der Erde sind. Lassen Sie nun ein Bild eines großen Laubbaumes kommen und nehmen Sie mit diesem eine liebevolle Beziehung auf. Dabei ist es von Vorteil, wenn Sie diesen Baum kennen. Schauen Sie nun auf diesen Baum hin und stellen Sie sich vor, wie die Wurzeln bis ins Grundwasser reichen und das Wasser aufsaugen. Dieser Saft fließt über den Stamm bis hinauf in die Krone und versorgt dort jedes Zweiglein und jedes Blatt. Dann verdunstet das Wasser und dieser Vorgang wiederholt sich immer wieder. Dann gehen Sie im Geiste zu diesem Baum hin und streichen ihm liebevoll über die Rinde. Sie können damit diese Beziehung verstärken.

Dann schlüpfen Sie in den Stamm hinein und achten darauf, dass nun der Saftfluss auch durch Ihren Körper strömt. Richten Sie dann Ihr Augenmerk auf Ihre Fußsohlen. Sie werden bemerken, dass diese warm werden oder dass Sie dort ein Kribbeln verspüren. Wenn Sie das erleben, dann lassen Sie dieses Kribbeln oder diese Wärme im ganzen Körper sich ausbreiten. Haben Sie genug Energie getankt, dann verlassen Sie den Stamm wieder und streicheln dem Baum liebevoll über die Rinde. Dankbar verabschieden Sie sich und gehen dann vom Baum weg.

Selbstheilungskräfte aktivieren

In einem jeden von uns sind Selbstheilungskräfte vorhanden, auch wenn uns das nicht bewusst ist. Wir können uns dieser Kräfte nur

bedienen, wenn wir sie in konkreten Bildern erleben. Angenommen, Sie leiden unter Kopfschmerzen und wollen sich mittels Ihrer Selbstheilungskräfte Linderung verschaffen.
Nehmen Sie eine angenehme Haltung ein und schließen die Augen. Dann lassen Sie die Selbstheilungskräfte innerlich als Zwerglein kommen. Sobald Sie ihre Zwerge bemerken, schicken Sie diese an die schmerzende Stelle und bitten sie, Ihnen zu helfen und die Schmerzen zu beseitigen. Sie wissen genau, dass die Zwerglein das Richtige tun werden. Wenn Sie das Wirken diese wahr nehmen, z.B. durch Wärme oder Schmerzlinderung, dann geben Sie diesen Anerkennung. Sie setzen diese Übung so lange fort, bis Sie eine deutliche Besserung oder Beendigung des Schmerzes verspüren. Dann danken Sie den Zwerglein und schicken Sie wieder zurück.
Jedes Krankheitssymptom ist wie eine Botschaft, die es wahrzunehmen gilt. Der Schmerz verlangt aber auch einen verantwortungsvollen Umgang, der sich in einer Veränderung der Lebensweise auszudrücken hat. Derartige Übungen sind eine Hilfe für leichtere Beschwerden, können aber im Ernstfall einen Arztbesuch nicht ersetzen oder eine Veränderung der Lebensweise unnötig machen.

Weibliche und männliche Lebensweise

Auf wichtige Grundlagen für das Andersein wird auf das Kapitel „Bilder zum Umgang mit Kindern" hingewiesen. Daraus ergibt sich, dass für den Mann das Erlebnis der Übermächtigkeit des Weiblichen sehr lebensbeeinflussend sein kann. Das männliche Baby wird immer wieder in dieser sehr prägenden Lebenszeit die Mutter als allmächtig erleben. Das ist in dieser Zeit ein Schutz und schenkt Geborgenheit. Es kann aber später im Erwachsenenalter als inneres, unbewusstes Bild Angst vor dem Weiblichen auslösen.
Bei der Mutter wird das nicht so bewusst wahrgenommen, da der Umgang mit ihr mehr versorgend, bewundernd und bemutternd erlebt wird.
Anders ist die Erfahrung mit der Partnerin. In der Partnerschaft kann das innere Bild von der Mutter ins Eins rutschen mit der Partnerin und der Mann reagiert dann entsprechend. Er erlebt in diesem Fall seine Partnerin als übermächtig und wird sich dann schützend abgrenzen und die persönliche Nähe eher meiden.
Heute strengen wir uns an, die Diskriminierung zwischen den Geschlechtern auszumerzen. Die Gleichstellung und die Gerechtigkeit soll nach wissenschaftlichen Kriterien objektiv und geschlechtsneutral erfolgen. Aber gerade diese Bemühungen führen uns deutlich vor Augen, dass wesentliche Unterschiede zwischen den Geschlechtern bestehen.
Es ist eine Tatsache, dass die Denkweise der Geschlechter verschieden ist. Dabei ist das Männliche nicht unbedingt nur in Männern und das Weibliche unbedingt nur in Frauen zu finden, obwohl die überwiegende Anzahl der Frauen das Weibliche repräsentieren und umgekehrt die Männer das Männliche.
Diese Verschiedenartigkeit zeigt sich auch in der sozialen Wahrnehmung und Deutung. Die Unterschiede liegen hier vor allem in den Bindungs- und Trennungserlebnissen. Für die Frau ist es we-

sentlich, ihr Frausein als Zustand der Verbundenheit zu erleben. Während der Mann sein Männlichsein in der Trennung, im Bei-sich-sein erfährt.

Dieses Andersein zwischen Mann und Frau zeigt sich auch in einer anderen Lebenserfahrung, in einem anderen Lebenswissen um die menschlichen Beziehungen, in einem anderem Verständnis vom Leben und dem Umgang mit der Umwelt und in einer anderen Gestaltung des Zusammenlebens. In der sozialen Sicht geht es dem Weiblichen um das Beziehungsgeflecht, während das Männliche die hierarchische Ordnung bevorzugt. Diese Unterschiede zeigen sich auch in einer anderen Sprache.

Jeder Mensch hat sowohl eine weibliche als eine männliche Seite. Beim Mann wird der weibliche Anteil vor allem von der Mutter und den Erfahrungen der männlichen Vorfahren mit dem Weiblichen geprägt. Das Männliche wird durch das Nachleben des Vaters und der männlichen Ahnen gebildet. Bei der Frau kommt es zur Bildung der männlichen Ausprägung durch die Erfahrungen mit dem Vater und der weiblichen Vorfahren mit dem Männlichen. Das Weibliche kommt über die Mutter und die weiblichen Ahnen zustande.

Das Anderssein der Geschlechter wird aber auch in starkem Ausmaß durch die Art des Zusammenlebens der Eltern und ihre Botschaften an die Kinder gestaltet.

So erlebt z. B. eine Tochter die Mutter als billige Arbeitskraft des Vaters und ihm in allem untertan. Sie kann dann die Mutter nachleben oder darauf reagieren und ihr Leben gegenteilig gestalten. In beiden Fällen ist die Mutter ihr Vorbild.

Söhne erfahren oft nur durch die Mutter, wie ein Mann zu sein hätte. Solche Männer sind dann meist sehr angepasst und gute Ehemänner, aber den Partnerinnen fehlt der echte Mann, an dem sie sich auch reiben können.

Da das Männliche in der mitmenschlichen Beziehung der schwächere Teil ist, will es dies durch Leistung und Erfolge ausgleichen. Es geht daher dem Mann eher um das Haben und der Frau mehr um das Sein. Der Mann muss etwas vorweisen können. Wenn er auf seinem Podest stehen kann, dann fühlt er sich mit dem Weiblichen ausgeglichen.

Von Frauen hört man in der Beratungssituation oft: „Eigentlich kann ich nichts sagen gegen meinen Mann. Er tut alles für uns. Geht ganz in seiner Arbeit auf....leistet wirklich viel. Immer wieder versuche ich mit meinem Mann ins Gespräch zu kommen. Ich möchte über uns reden... Meine Sehnsucht wäre es, dass wir uns mit unserem Menschsein auseinandersetzen; mit dem, was uns ganz persönlich ausmacht; mit unseren Wünschen, Hoffnungen...auch mit unserer Traurigkeit. Ich meine damit, dass wir uns ein Stück einander preisgeben müssen....Warum ist dies nicht möglich? Oder ginge es doch?

Männer haben in unserer Leistungsgesellschaft kaum Zeit, sich über solche Probleme Gedanken zu machen. Es sind fast immer die Frauen, die sich mit dem Satz „Wir können nicht miteinander reden" an den Familienberater wenden. Dahinter steckt aber nicht einfach Sprachlosigkeit. Um gegen diese Entfremdung in der Partnerschaft ankämpfen zu können, muss man sich der tieferliegenden Gründe bewusst werden.

In der Geschichte unseres Kulturkreises können wir feststellen, dass Bereiche des Gefühlslebens, persönliche Beziehungen, gemeinsames Erleben, Zärtlichkeit...,die als weiblich galten, stark entwertet wurden. Dagegen gelten männliche Eigenschaften wie Verstand, Leistung, Erfolg, Macht.... sehr viel.

Was im einzelnen geschah, vollzog sich auch in der Gesellschaft. Der Mann verdrängte nicht nur das abgewertete Weibliche bei sich; es wurde auch die Frau aus dem öffentlichen Leben vertrieben. Diese Einseitigkeit beim Menschen und in der Gesellschaft musste zu einer Fehlentwicklung führen, die wir heute vielfach als Leere , Öde und Beziehungslosigkeit erfahren.

Der nur noch „männliche“ Mann lernte ohne den weiblichen Anteil zu leben. Als Ersatz flüchtet er in Leistung und Erfolg. Das verdrängte Weibliche wurde auf die Partnerin projiziert. Dort sah er dann seinen eigenen weiblichen Anteil und nicht die Partnerin. Dementsprechend verhielt er sich. Er sah in der Frau die „große Mutter“ und teilte ihr den ganzen Innenbereich zu. Der Mann selbst degradierte sich zum Geldverdiener und Familienernährer. Es ist daher verständlich, dass so ein Mann in Sachbereichen daheim ist, was übrigens auch wiederum seiner Abgrenzungstendenz zugute kommt. Die Frau aber fühlt sich in Gesprächen, die auf der persönlichen Beziehungsebene laufen, völlig allein gelassen. Lebensgeschichtliche Erfahrungen, Vorstellungen, Botschaften und Aufträge verstärken diese Verschiedenartigkeit noch weiter.

Diese gegenseitig erlebte Fremdheit führt oft zu einem inneren Auszug, zur Trennung...auch zur Scheidung. Dabei ist das Erkennen dieser Krise gerade auch eine große Chance. Dieser „Erkennungsschock“ darf nicht vertuscht werden, wie es vielleicht schon in der Enttäuschungsphase, die in diesem Buch noch behandelt wird, der Ehe passierte. Die Partner müssen dieses Bewusstwerden ihrer Situation als reale Gegebenheit annehmen. Nur durch diese Annahme und gegenseitige Mitteilung kann eine Veränderung möglich werden.

Die Wege zu einer beglückenden Partnerschaft sind sicher so vielfältig wie es Partnerschaften gibt. So wird jede ihren ureigenen Weg zu suchen haben.

Es geht dabei nicht so sehr darum, dass sich Mann und Frau treffen, sondern, dass sich zwei Menschen, in denen das Weibliche und das Männliche leben dürfen, begegnen.

In dieser vom männlichem Geist beherrschten Gesellschaft fühlt sich keiner mehr wohl und zu Hause. Es geht nur noch um Leistung und

Wettbewerb. Wie kann es noch schneller, besser und preisgünstiger weitergehen?
Gesunden kann unsere Gesellschaft nur, wenn das echte Weibliche wieder leben darf. Da nützen uns aber keine Frauen, die „ihren ganzen Mann“ stellen. Wir benötigen Frauen und Männer, die ihren weiblichen Anteil schätzen und leben. Nur dann wird sich dies auch in der Gesellschaft bemerkbar machen. Und wir können uns in dieser schönen Welt wieder daheim fühlen. Anzeichen für diese Veränderung sind schon zu sehen.

Bilder zur Partnerwahl

Was führt Menschen zusammen?

Archetypen

C.G. Jung schuf mit dem Modell der Archetypen auch eine theoretische Begründung dafür, was Menschen einander anziehend oder eher abstoßend macht. Diese inneren Urbilder im kollektiven Unbewussten eines Menschen sind für diesen nicht unmittelbar erkennbar. Ihr Wirken können wir aber zum Beispiel über innere Vorstellungsbilder oder spezielles Musterverhalten erkennen. Unser Archetyp bewirkt ein ganz bestimmtes Lebensgestaltungsmuster. Er wirkt aus dem Unbewussten auf meine Verhaltensweisen ein. Bis zur Lebensmitte komme ich meist mit meinem Archetyp oder der Art meiner Lebensgestaltung ganz gut zurecht. Dann kommt es zu einer Veränderung. Der alte Archetyp verblasst und einer neuer wirkt auf mich ein. Das drückt sich meist in neuen Wertvorstellungen und Verhaltensweisen aus. Dinge, die mir früher sehr viel bedeutet haben, werden auf einmal unwichtig.
In diesem Zusammenhang weise ich nochmals darauf hin, dass es so viele Archetypen wie allgemeine menschliche Verhaltensweisen gibt.
In den menschlichen Beziehungen wirken gegensätzliche Archetypen desselben Geschlechts anfangs bedrohlich; dagegen anziehend auf Menschen verschiedenen Geschlechts.
In der Partnerschaft leben Menschen auf Dauer am glücklichsten zusammen, wenn sie einander ergänzende Archetypen haben. Zum Beispiel ein Vater- und ein Muttertyp. Gegensätzliche Archetypen wären ein Mutter- und ein Heldentyp. Die Wirkung der Archetypen darf aber nach meinem Verständnis nicht als schicksalhaft und damit als unveränderbar und unausweichlich aufgefasst werden.

Persönlichkeitsanteile

Hier gehe ich vom Riemannschen Persönlichkeitsmodell aus, das ich mit meinen Erfahrungen in der Eheberatung ergänzt habe. In einem jeden Menschen entstanden in der Zeit bis zum Schuleintritt vier Persönlichkeitsanteile. Sie entwickelten sich in den vier Phasen der Kindheit. Beim Heranreifen einer körperlichen Funktion wächst gleichzeitig auch eine seelische Ausprägung.

So kann man jeder Entwicklungsphase ein ganz besonderes Haupterlebnisthema zuordnen. Erlebt wird es vom Kind immer im mitmenschlichem Kontakt, meist mit der Mutter.

a) Die sensorische Phase und der schizoide Persönlichkeitsanteil

Bis etwa zum sechsten Lebensmonat nimmt der Säugling seine Umwelt rein sinnlich wahr. Seelisch geht es um das Thema der Abgrenzung. Außen : innen, oben : unten, Tag : Nacht, ich : du (Mutter). Gelingt diese Abgrenzung nicht gut, so entstehen in dieser Zeit viele schizoide Persönlichkeitsanteile. Der Schizoide ist der Kopfmensch. Gefühle werden unterdrückt. Er ist sachlich, kann aber menschliche Nähe schlecht ertragen.

b) Die orale Phase und der depressive Persönlichkeitsanteil

Die orale Phase nimmt ungefähr die zweite Hälfte des ersten Lebensjahres ein. Das Haupterlebnisthema ist die Nahrungsaufnahme. Das Kind wartet gewissermaßen von einer Mahlzeit zur anderen. So wie die Nahrung aufgenommen wird, so wird auch die Sichtweise der Bezugspersonen verinnerlicht. So wie die Mutter mich sieht, so bin ich. Die verlässliche und wohlwollende Versorgung erlebt das Kind als Liebe. Es kann Gefühle des Vertrauens und der Hingabe entwickeln. Die vereinnahmende Mutter, die das Kind nicht loslassen kann, erzeugt im Kind die Einstellung, dass es alleine nichts schafft, es geht nur mit der starken Mutter. Dies fördert sehr stark den depressiven Anteil. Der Depressive braucht im Leben den starken Partner, um es zu schaffen. Er sucht daher immer die Nähe von Menschen, mit denen er sich verbünden kann. Er will auch alleine nichts entscheiden; kann schlecht nein sagen.

Gerade in dieser Zeit der oralen Phase wäre es wichtig, dass die Mutter die Sichtweise hätte, dass das Kind nicht ihr gehört. Sie begleitet es nur in einer sehr prägenden Zeit des Lebens. Das Kind soll sich einmal mit Freude und Zuversicht der Welt zuwenden können. Es darf einmal von mir weggehen ohne Schuldgefühle oder ewige Dankbarkeit. In dieser Zeit wächst auch das Selbstwertgefühl des Kindes, wenn es geliebt wird wie es ist.

c) Die anale Phase und der zwanghafte Persönlichkeitsanteil

Im zweiten und dritten Lebensjahr geht es vor allem um die Reinlichkeitserziehung, Ver- und Gebote. Das Kind will die Umwelt entdecken ohne Rücksicht auf Gefahren. Die Mutter kann daher vieles nicht erlauben. Überwiegen dabei die Verbote zu sehr, dann erlebt sich das Kind als böse. Da das Kind gerade in dieser Zeit der Autonomieentfaltung auf Lob und Anerkennung angewiesen ist, lernt es das zu tun, was die übermächtigen Eltern wollen. Dabei wird die Entfaltung der zwanghaften Anteile gefördert. Dem Zwanghaften geht es nicht so sehr darum, dass er gut lebt, sondern dass er anerkannt wird. Sein guter Ruf ist ihm heilig. Er ist daher in allem sehr vernünftig, ordentlich, pünktlich, lebt schuldenfrei... Dabei ist es ihm auch wichtig, dass alles auf ein Ziel hin ausgerichtet ist. Den Augenblick kann er daher nicht genießen. Er ist der pflichtbewusste „Funktionierer“.

d) Die ödipale Phase und der hysterische Persönlichkeitsanteil

Es ist die Zeit des vierten, fünften eventuell sechsten Lebensjahres. Das Lebensthema ist die Erfahrung des Bub- oder Mädchenseins. Das Geschlechtsspezifische wird jetzt bedeutsam. In dieser Zeit schaut das Kind auf den gleichgeschlechtlichen Elternteil und identifiziert sich mit ihm. Dann wirbt das Kind um den gegengeschlechtlichen. Es sollte aber keine Bündnisse zwischen Tochter und Vater oder Sohn und Mutter entstehen. Bündnisse sind durch gemeinsame Geheimnisse charakterisiert. So ein Bündnis spaltet die ganze Familie und vor allem die Partnerschaft der Eltern. Ideal wäre es, wenn die Eltern so miteinander leben, dass das Kind dazwischen keinen Platz hat. Das wird vom Kind zwar schmerzhaft erfahren, ist aber ein wichtiger Loslösungsprozess von den Eltern.

Ab nun kann das Kind hinschauen auf die Eltern. Es sieht, wie sie ihre Partnerschaft gestalten, wie sie mit Schwierigkeiten umgehen. Für das Kind ist das die erste bedeutsame Partnerschulung. Wenn aber zum Beispiel ein Bündnis zwischen Sohn und Mutter besteht, kann sich der Sohn von den Eltern nicht lösen und auf sie hinschauen. Außerdem wird der Sohn keine Partnerin suchen, sondern einen Muttterersatz, eine Frau wie die Mutter. Wer will aber ein Leben lang mit der Mutter verheiratet sein? In dieser Zeit schaut das Kind sehr genau, welche Rollen die Eltern und die Menschen spielen, wie ehrlich sie miteinander umgehen. Schlecht wäre es und würde den hysterischen Persönlichkeitsanteil sehr wachsen lassen, wenn das Kind die Erfahrung machte, dass man im Leben jedem Menschen das Passende vorspielen muss.

Der Hysteriker zeigt sich als Rollenspieler und lebt im Gegensatz zum Zwanghaften zu sehr den Augenblick. Das Ziel geht ihm dabei verloren. Er ist eine schillernde Persönlichkeit, mit der man viel erleben kann. Nur muss man immer bedenken, wenn er weg ist, dann hat er mich bereits wieder vergessen. Er weiß gar nicht, wer er eigentlich selbst ist, da er seine wechselnden Lebensrollen so überzeugend lebt und erlebt. Für den Hysteriker sind die Ordnung, das Geld, die Pünktlichkeit, die Verlässlichkeit... nicht wichtig. Für den Augenblick oder so lange man mit ihm beisammen ist, erlebt man ihn als faszinierende Persönlichkeit.

Diese sehr kurz gefasste Einführung in dieses Modell soll dazu beitragen, das Zusammenspiel beim Kennenlernen von zwei Partnern zu verstehen. Die Persönlichkeitsanteile sind Beschreibungsmerkmale und keine krankhaften Störungen. Alle Anteile sind gut. Schlecht kann es nur werden, wenn ein Anteil extrem einseitig gelebt wird. Wir haben alle vier Anteile in uns. Nur werden meistens zwei davon stärker gelebt.

Was haben nun diese Persönlichkeitsanteile für eine Anziehungskraft?

Der schizoide Verstandesmensch fühlt sich durch das überwiegend Gefühlshafte des Depressiven angezogen. Aber auch der Gefühlsmensch fühlt sich beim Schizoiden sicher.

Ebenso geht es bei den Gegensätzen des Zwanghaften und des Hysterikers. Der zwanghafte „Funktionierer" wird aufgelockert durch den unternehmungslustigen Hysteriker. Der in vielfacher Hinsicht unverlässliche Hysteriker braucht aber auch den pflichtbewussten Zwanghaften, der ihn immer wieder auf den Boden der Realität zurückholt.

Diese einander ergänzenden Gegensätze werden aber dann im Zusammenleben oft ein großes Problem. So wird der Depressive dem Verstandesmenschen vorwerfen, dass er ihn überhaupt nicht versteht und nur in seiner Geisteswelt lebt. Der Schizoide wiederum zeigt dem Depressiven auf, dass er alleine überhaupt nichts entscheidet, dass er kein klares Ja oder Nein kennt. Der Zwanghafte leidet unter der Unpünktlichkeit des Hysterikers, seiner Unverläs-

slichkeit und dass er das Geld beim Fenster hinauswirft.
Der Hysteriker beklagt sich, dass das Leben mit dem Zwanghaften nur aus Regeln, Nützlichkeiten und eingefahrenen Bahnen besteht. Es ist einfach langweilig.
Da die meisten Menschen zwei Persönlichkeitsanteile stärker leben, kann dieser Konflikt auch im eigenem Selbst ablaufen.

„Gleich und gleich gesellt sich gern" oder „Gegensätze ziehen sich an"

Diese beiden Sprichwörter scheinen vorerst unvereinbar. Bei genauerem Hinschauen können aber beide zugleich zutreffen, wie Sie aus den nachfolgenden Beispielen ersehen können. Bei jedem Persönlichkeitsanteil geht es um ein bestimmtes Thema beim Kennenlernen. Ein Partner zeigt sich zu diesem Zeitpunkt als der Aktive und der andere bietet sich als der Passive an. So fühlen sich beide angezogen, was ich nach den wichtigsten Kriterien kurz aufzeigen möchte:

Das schizoide Zusammenspiel:
Obwohl dieser Persönlichkeitsanteil die menschliche Nähe schlecht ertragen kann, geht es dabei um die Phantasie des verschmelzenden Einsseins. Der Passive soll im Passiven aufgehen.

Das depressive Rollenspiel:
Hier herrscht das Versorgen, bemuttern und Betreuen vor. Einer tut es und der andere lässt es geschehen.

Das zwanghafte Verhaltensmuster beim Kennenlernen:
Es geht ums Führen. Der Aktive übernimmt die Rolle des Führers in möglichst vielen Bereichen. Dem Passiven gefällt es, geführt zu werden.

Das Zusammenspiel im hysterischen Persönlichkeitsanteil:
Es geht hier geschlechtsspezifisch um die „schwache" Frau und den „starken" Mann. Wenn der Mann aber die vorgezeigte Stärke nicht wirklich hat, dann wird er vernichtend klein gemacht.

Da der jeweilige Persönlichkeitsanteil beim Kennenlernen aber nicht immer vorherrscht, so bleibt dieses Muster auch nicht immer aufrecht. Auch dies kann zu Ent-Täuschungen führen.

Durch weitere Beispiele will ich aufzeigen, dass am Beginn einer Beziehung ein Zusammenspiel wirkt, das als Anfang einer Dauerbeziehung bedeutsam ist.

Beispiel für das Versorgen:
Ein Sohn kommt aus einer Familie, in der sich die Eltern nicht sehr um die Kinder kümmerten. Er muss selbst schauen, dass er mit allem zurecht kommt. Dadurch wurde er aber auch sehr selbständig.
In einer anderen Familie wächst eine Tochter heran. In dieser Gemeinschaft versorgt der Vater alle bestens. Die Tochter muss sich um nichts Gedanken machen. Diese Beiden treffen sich und fühlen sich voneinander angezogen. Sie können ihre vertraute Rolle weiterspielen.

Beispiel zum Thema Bewundern:
Ein Sohn studiert sehr brav und ist der ganze Stolz der Mutter. Auch in der anschließenden Berufslaufbahn ist er sehr erfolgreich und hat schon in jungen Jahren eine glänzende Position erreicht.
Eine Tochter lebt mit ihrem Vater alleine. Er ist Arzt und seine Tochter arbeitet bei ihm. Sie ist in diesem Ort als Tochter dieses tüchtigen Mediziners sehr angesehen.

Als die Beiden einander begegnen, verstehen sie sich sogleich. Sie übernimmt die Rolle der Mutter und bewundert ihn. Zugleich kann sie als seine Partnerin auch etwas von seinem Glanz erlangen. Und er bleibt weiterhin der Bewunderte.
Dieses anfängliche Zusammenspiel bindet die Partner aneinander. Die anfangs nötige Bindung wird aber im Laufe der Zeit zu einer Entfaltungshemmung. Daher müssen sie sich aus diesem Zusammenspiel wieder lösen, wenn sie sich weiterentwickeln wollen. Meist ist es aber nur einer, der das tun will. Oftmals sind es die Frauen, die aus dieser Rolle aussteigen wollen. Das hängt auch wohl damit zusammen, dass sie meist den passiven Part zu spielen haben. Mit ihrer Entfaltung sprengen sie auch die Enge ihres Rollenmusters. Für den Mann kann das in eine große Lebenskrise führen. Er tut vorerst alles, damit die bestehende Rollenverteilung aufrecht bleibt. Hier ist auch sehr oft Hilfe von außen nötig, um diesen erforderlichen Entfaltungsprozess zu sehen, zuzulassen und zu fördern.

Bilder zur Partnerwahl

Ludwig, Künstler, 40 Jahre alt, Zweitgeborener von zwei Kindern; nach seinen Angaben war die Ehe seiner Eltern sehr problematisch und es wurde viel und lautstark gestritten; er selbst hatte einen hohen Stellenwert in seiner Herkunftsfamilie. Alle schauten voller Stolz auf ihn, da er in der Ausbildung und später als Künstler sehr erfolgreich war. Mit seiner Mutter ist er noch sehr eng verbunden, obwohl sich Anzeichen eines Loslösens bemerkbar machen. Sein vorgebrachtes Problem besteht darin, dass er wissen will, ob seine Freundin auch wirklich die Partnerin fürs Leben ist.
Sexuell war die Beziehung am Beginn problemlos. Jetzt fühlt er sich in dieser Hinsicht von ihr nicht mehr angezogen, obwohl er sie sehr gerne hat. Ludwig ließ sich ein Haus bauen und verein-

barte mit Hedwig, dass sie gemeinsam in dieses einziehen werden. Nun wird das Haus fertig und Ludwig kommen Bedenken, ob dies wirklich der richtige Schritt sei.
Hedwig, Sozialarbeiterin, 32 Jahre alt, Drittgeborene mit jüngerer Schwester, sie ist Kroatin, lebt aber schon lange in Österreich. Hedwig stammt aus einer stabilen Herkunftsfamilie mit starkem Zusammengehörigkeitsgefühl. Sie mag Ludwig; kann aber seine Zögerlichkeit nicht verstehen und fühlt sich dadurch persönlich zurückgestoßen. Sie kennt keine sexuellen Probleme.
Ludwig und Hedwig möchten Kinder und als Familie zusammenleben. Anlässlich einer Sitzung sagte ich zu ihnen: „Schließen sie die Augen und lassen sie ein inneres Bild von einem Heim kommen, in dem sie gerne wohnen möchten!" Als ein jeder sein inneres Bild hatte, ließ ich sie das zeichnen.
Ludwig zeichnete einen Wohnwagenanhänger neben einem See mit zwei Segelbooten. Im Vordergrund stand er mit Hedwig (siehe Abb. 8).
Hedwig zeichnete ein Haus in einer Landschaft (siehe Abb. 9).

Mit diesen Bildern offenbarte ihnen ihr Unbewusstes ihre innere Einstellung. Für Hedwig ist der weitere Lebensweg klar. Sie möchte mit Ludwig in das Haus ziehen und eine Familie gründen. Mit dem roten Dach weist Hedwig aber darauf hin, dass auch sie sich über die Partnerschaft viele Gedanken macht.

Der Rauch in Hedwigs Bild zeigt, dass im Haus gelebt wird. Er gleicht aber auch einer Fahne, die im Wind, der aus der Vergangenheit bläst, und in die Zukunft zeigt. Der Weg zum Haus kommt aus dem mütterlichen Bereich.
Ludwigs Bild zeigt sehr deutlich, dass er sich noch nicht festlegen will. Der Wohnwagenanhänger ist beweglich und könnte überall hingebracht werden. Auffallend sind die roten Fenster und der Tür-

knauf. Bei den Fenstern geht es um die Sicht der Welt und wie ich sie in mich hereinlasse. Und beim Türöffner: wie bekomme ich Zugang zu Ludwig und wie kann er auf jemanden zugehen. Dieses Rot wirkt wie ein Alarmzeichen. Sind hier Ängste da, die die Sicht und den Zugang versperren? Das Paar und die beiden Segelboote zeigen aber auch, dass er mit Hedwig eine Partnerschaft leben will. Nur nicht zu eng, wie die zwei Boote zeigen. Und es soll alles noch unverbindlich bleiben. Das Bild bietet keinerlei Hinweis auf familiäre Bindungen.

Aus den weiteren Gesprächen war zu entnehmen, dass Ludwig eine starke Bindungsangst hat. Das zeigt sich auch in der Sexualität. Solange die Partnerschaft noch einigermaßen unverbindlich war, „funktionierte" sie. Jetzt wirkt die Angst vor der Bindung und da müssen schützende Grenzen errichtet werden. Aus dieser Angst heraus sagte Ludwig zu Hedwig, dass sie aus Sicherheitsgründen ihre Wohnung noch nicht kündigen soll. Hinter dieser Bindungsangst steht auch die bange Frage, ob Hedwig doch die „richtige" Partnerin ist. Wer aber wüsste denn, wer die „richtige" Lebensgefährtin wirklich ist? Für eine gute Partnerschaft reicht eine gute Partnerin.

Abbildung 8

Abbildung 9

Wichtige Voraussetzung für das Eingehen einer Partnerschaft

Die Abgrenzung

Eine Paarbeziehung ist aber für sich allein zu wenig. Es ist mehr notwendig für die bereichernde Entfaltung menschlicher Beziehungen. Es ist erforderlich, gegenüber dem Partner und gegemnüber Außenstehenden offen zu sein und mehrere gute Kontakte zu leben. Es wäre bedenklich, sich nur auf den Partner zu beschränken und sich gegenüber anderen Menschen stark abzugrenzen. Ebenso wäre es falsch, gegenüber dem Partner eine Grenze zu ziehen und nur Außenbeziehungen zu leben.

Die Gleichwertigkeit

Subjektiv müssen sich beide Partner gleichwertig fühlen. Wenn jemand seinen Partner höherwertig erlebt, dann muss er ihn und seine Leistungen schmälern, damit die Gleichwertigkeit in der Beziehung wieder stimmt. Das führt aber zu Unstimmigkeiten. Oft spaltet so ein Verhalten die Partnerschaft und jeder sucht den Personenkreis auf, mit dem er sich wertmäßig verbunden fühlt.

Regressives und progressives Verhalten leben

Regressives Verhalten heißt das rückschreitende Verhalten. Menschen mit dieser Einstellung wollen wie ein Kind leben, das versorgt und betreut werden will. Das progressive Verhalten ist das führende Verhalten, charakteristisch für denjenigen, der die Vater- oder diejenige, welche die Mutterrolle übernimmt. Hier wirken manchmal veraltete Klischees vom führenden Mann und von der beschützenden Frau.

Wichtig ist, dass die Partner abwechselnd beides leben. Dies gilt ebenso für das Geben und das Nehmen in der Partnerschaft. Wenn einer der Partner versorgt und betreut werden will, wird der andere in die Rolle des Führers gezwungen und umgekehrt. Das behindert aber die Entfaltung beider.

Ent-Täuschungsphase in der Partnerschaft

Am Beginn einer tieferen Beziehung zwischen zwei Menschen spielt auch die Verliebtheit eine bedeutende Rolle. Je nach Alter, Persönlichkeit und Lebensgeschichte, wird diese entsprechend stark erlebt. Dieses schöne Gefühl sollte auch nie ganz erlöschen. Es ist aber zu bedenken, dass die Verliebtheit zum großen Teil eine Projektion ist. Wir projizieren in den Partner unsere Wunsch- und Sehnsuchtsbilder hinein und sehen ihn dann so. So kann er alles mir Fehlende ergänzen. In dieser Projektion sind eben auch unbewusste Anteile von mir, die leben wollen.
Nicht der Partner täuscht mich. Ich tue es unbewusst selbst. Mit der Zeit verblasst dieses Projektionsbild und ich lerne den Partner so kennen, wie er wirklich ist und immer war. Diese Realität muss ich mir bewusst machen und damit umgehen lernen. So kann diese Selbsttäuschung aufgegeben werden. Sie verläuft gut, wenn ein jeder Partner sich deutlich dazu äußern kann und gehört wird. Dabei darf auch die Not der Enttäuschung formuliert werden. Schlecht wird damit umgegangen, wenn die Selbsttäuschung vertuscht wird, da es ja in unserer Partnerschaft so etwas nicht geben darf. Das wird dann vorkommen, wenn es als etwas Schlechtes gesehen wird. Dann kann es auch als Partnerschaftsproblem erlebt werden. Mit so einer falschen Einstellung wird nicht selten auch vom Partner verlangt, dass er sich ändert. Er sollte so leben, wie ich mir vorstellte, dass er zu sein hat. Wenn er es nicht tut, dann handelt er schuldhaft, da er die Partnerschaft stört. Mit einer solchen Einstellung kann die Selbsttäuschung nie gesehen und aufgegeben werden.

Die Leitbildspiegelung

Der Partner, in den ich etwas hineinprojiziere, der aber auch andere Lebensgestaltungsmöglichkeiten hat, kann mir zum Leitbild werden. Nach diesem Vorbild möchte ich dann leben. Dadurch eröffne ich mir neue Gestaltungsmöglichkeiten für mein Leben.

Grundlagen für die Entfaltungsmöglichkeit der Partnerschaft

Selbst sein dürfen

Wichtige Basis für den Bestand der Dauerbeziehung ist das bereits erwähnte Selbstsein dürfen. Wenn mir das gelingt, dann gestehe ich es auch meinem Partner zu. Wenn ich in meiner Erziehung stark verändert wurde, so werde ich auch dazu neigen, mir den Partner zu „richten". Das kann aber nicht gelingen.

Gemeinsam Erlebtes

Die erfreulichen gemeinsamen Erfahrungen machen den wesentlichen Wert einer Partnerschaft aus. Damit ein Zusammenleben Bestand hat, muss man miteinender deutlich mehr Positives als Negatives erleben.

Mit Konflikten leben lernen

Da wir Einzelwesen sind und in Gemeinschaft leben, jeder durch seine Herkunftsfamilie geprägt ist, eigene Wertvorstellungen und eine eigene Lebensgeschichte hat, sind Interessensunterschiede unvermeidlich. Wenn aber Konflikte als Makel gesehen werden, will man sie vermeiden. Harmonisierung, Unterdrückung, und Machtmissbrauch sind die Folge, und schließlich schwere Krisen. Wenn ich aber weiß, dass Konflikte zum Menschsein gehören und ganz selbstverständlich sind, dann darf ich diese sehen, annehmen und kann damit gut umgehen lernen.

Ich will das an einem Beispiel, bei dem zwei verschiedene Familienverhaltensbilder zusammenprallen, aufzeigen: Franz kommt aus einer Familie, in der es nie Besuche gab. Julia erlebte dagegen ein offenes Zuhause, wo Besuch jederzeit willkommen war. Aus dieser Erfahrung heraus setzte Julia ihre Familientradition in ihrem neuen Heim fort. Franz aber ärgerte sich über die vielen Gäste.
Der gute Umgang mit einem derartigen Konflikt, der aus zwei verschiedenen Erlebniswelten resultiert, besteht darin, dass Franz nun zu Julia sagt: „Ich habe ein Problem mit deinen Besuchern. Sage bitte nichts, bis ich dir erklärt habe, wie ich diese Situation empfinde." Franz teilt Julia nun mit, wie er die vielen Gäste als Belästigung erlebt. Dabei betont er, dass dies seine Gefühle betrifft und sie einfach zuhören sollte. Am Ende seiner Erklärung bedankt er sich bei Julia für ihr aufmerksames, wortloses Zuhören. Mit diesem Verhalten ist dem Konflikt schon sehr viel aggressive und negative Energie genommen.
Im weiteren Verlauf des Gesprächs versuchen die beiden, eine gemeinsame Vereinbarung über den zukünftigen Umgang mit Gästen zu treffen. Es geht dabei nicht um das „Richtige" und „Falsche", das Bedeutsame und Unwichtige, sondern nur um die gute Vereinbarung. Ein derartiger Umgang mit Konflikten schafft Nähe zwischen den Partnern und steigert das gegenseitige Wertgefühl. Es ist eine Arbeit am Glück der Dauerbeziehung. Das Erlernen eines solchen Verhaltens bei Interessenskonflikten ist ein lebenslanger Prozess, der einen jeden immer wieder neu herausfordert.

Gute Vorstellungsbilder zur Dauerbeziehung

Auch hier gilt wieder, dass mein inneres Bild, meine geistige Vorstellung, die Wahrnehmung prägt. Anders ausgedrückt - ich lasse mir das innere Bild von meiner Partnerschaft durch meine Wahrnehmungen bestätigen.

Eine wichtige Grundvoraussetzung für ein gutes Miteinander ist die partnerschaftliche Liebe. Ich möchte daher mit dem Bild von der Liebe beginnen, da dieses auch weitgehend mein Lieben prägt.

Bild von der Liebe

Die Befriedigung von Leidenschaften, sexuellen, oralen und triebhaften Wunscherfüllungen sind zwar bedeutsam, sie bleiben aber Randerfahrungen der Selbstentfaltung. Die befruchtende Partnerergänzung geht immer neue Wege, die zu immer höheren Gipfeln führen. Diese Bilder können nicht näher beschrieben werden, man muss sie erleben.

Nach meinem Verständnis von Liebe geht es zu allererst darum, dass ich immer mehr mein Selbst leben darf. Das heißt, dass ich mein So-Sein, meine Einmaligkeit bejahen und immer mehr entfalten kann. Wenn mir das gelingt, dann kann ich dasselbe auch meinem Partner zugestehen und wohlwollend fördern. Das Anderssein der Partner ist die Voraussetzung für eine partnerschaftliche Entfaltung. In einer derart gelebten Gemeinschaft gewinnt auch der Einzelne durch das gelebte Wir.
Liebe heißt dann: Achtung gegenüber des So-seins des Partners und wohlwollende Förderung der Lebendigkeit in der Entfaltung.

Bild von der Partnerschaft als Boot

Die Partnerschaft gleicht einer Bootsfahrt. Beide Partner sind in einem Boot unterwegs. Einer hat das Steuer in der Hand, der andere rudert. Es ist ein schönes Bild, romantisch, aber eine Illusion. Bald wird sich herausstellen, dass auf diese Weise ein Miteinander nicht gelebt werden kann. Jeder Partner wird in eine Rolle gedrängt oder sucht die ihm gemäße Rolle zu spielen. Vielleicht setzt er oder sie etwas fort, was in der Vergangenheit gelernt wurde. Ein Rol-

lentausch, der auch nicht viel zu bringen vermag, ist zudem in einem Boot eine wackelige Angelegenheit und kann sogar zum Kentern führen. Bleibt aber jeder in seiner Rolle, dann sind gegenseitige Vorwürfe und Streit vorprogrammiert.
Ein besseres Bild von Partnerschaft ist die Vorstellung, dass jeder Partner in seinem Boot unterwegs ist und diese beiden Boote gemeinsame Ziele ansteuern. Jeder muss sich entsprechend selbst versorgen. Da jeder selbst auf sein Wohlbefinden achten muss, kann keiner dem anderen etwas vorwerfen. Dabei geht es nicht um die „guten" oder die „schlechten" Wegstrecken und Ziele, sondern um die gemeinsam vereinbarten. Je nach dem Bedürfnis nach gemeinsamer Nähe oder nach Abstand werden die Boote nebeneinander herfahren und einander wohlwollend unterstützen.

Egoismus, Altruismus und Selbstversorgung

Da ich immer wieder von Selbstversorgung spreche, will ich auch kurz den Unterschied zum Egoismus erklären, so wie ich ihn verstehe. Egoismus und Altruismus haben beide die selbe Wurzel, die früh in der Kindheit entsteht. Es ist die Erfahrung, dass die eigenen Bedürfnisse nicht gesehen und kaum erfüllt werden. Das hinterlässt ein „Loch" in der Seele, das gefüllt werden will. Ein Egoist wird daher alles tun, damit er im Leben nicht mehr „zu kurz kommt". Daraus entsteht eine Lebenshaltung der Gier, die nie ganz gestillt werden kann. Es gibt ja immer wieder jemanden, der mehr hat, dem es besser geht. In seinen Augen kommt der Egoist daher im Leben immer zu kurz. Was der Egoist für sich tut, muss der Altruist für andere tun. Er erliegt dem inneren Zwang zum Helfen, egal wie es ihm selbst geht.
Derjenige, der sich selbst gut versorgt, achtet auf seine Bedürfnisse und kann diese ohne Zwang befriedigen. Er kann dasselbe aber

auch dem anderen zugestehen. Den „gesunden Egoismus“ gibt es nicht, es gibt nur die gute Selbstversorgung. Gerade in Beziehungen kommt es oft vor, dass ein Partner sich selbst schlecht versorgt und dann dem anderen, der in derselben Sache seine Bedürfnisse gut befriedigt, Vorwürfe macht. Ein oft gelebtes Beispiel soll das verdeutlichen: Stefan kommt am späten Nachmittag von der Arbeit nach Hause. Müde legt er sich auf das Sofa und beginnt die Zeitung zu lesen. Seine Frau Maria reagiert darauf ärgerlich und macht ihm Vorwürfe. Es sei noch genug im Haushalt zu tun. Aus diesem Verhalten wird deutlich, dass Stefan sich in einer Sache gut versorgt, wo Maria noch unversorgt ist. Erst als Maria begonnen hat, sich auch täglich eine Pause zu gönnen, kann sie diese auch Stefan wohlwollend zugestehen.

Die Familie

Bilder von Familiensystemen

Jede Familie hat ihr eigenes System. Wir haben ein unbewusstes Bild davon. Die Gestalt dieser Gruppe setzt sich aus Familienmitgliedern zusammen, die alle in gleicher Weise dazugehören und denen allen Achtung gebührt. Die Kernfamilie selbst setzt sich aus dem Ehepaar und dem Kind oder den Kindern zusammen.
Die Partnerschaft wird durch das Kind nicht aufgelöst. Sie bildet die erste Ebene und darunter die Kinder die zweite Ebene. So werden Partnerschaftsprobleme auf der Ebene der Partner gelöst und gehen die Kinder nichts an. Mit den Kindern kann man freundschaftlich verkehren, aber Freunde der Eltern können sie nicht sein. Damit würde die unterschiedliche Ebene missachtet. Wenn die Mutter zum Beispiel die Freundin der Tochter wäre, dann müsste sie auf die Kindheitsebene wechseln oder die Tochter auf die Elternebene. Die Kinder müssen zu den Eltern aufschauen können. Dies dient der guten Orientierung der Kinder. Jeder Ehepartner kommt aus einem anderen Familiensystem. Keines ist besser oder schlechter zu bewerten; sie sind nur anders. Die neuen Partner müssen aber ein eigenes System schaffen.

Die verstrickte Familie

In so einem Familienbild leben alle zusammen ein Gruppen-Selbst, das so dominant ist, dass die autonome Entfaltung der Mitglieder störend wäre. Jedes Individuum in diesem System verzichtet auf die eigene Selbstentwicklung zugunsten der Gemeinschaft.
Der Einzelne ist ganz für die Familie da und geht in ihr auf. Es ist ein Bild der Verstricktheit. Belohnt wird so ein Familienmitglied durch das Erleben einer dichten Gemeinschaft, die Harmonie, sichere Sichtweisen und einen festen Halt bietet. So lange die Kin-

der klein sind, kann so eine Familie als Idealbild gesehen werden. In solch einer Gruppe gibt es nur eine Ebene. Jedes Partnerschaftsproblem geht in der Familiengemeinschaft unter und wird mit den Problemen der Kinder vermischt. Das schwächste Glied der Gruppe wird dann meist zum Symptomträger.
Die verstrickte Familie kann in ihrer Art nicht von Dauer sein, da sie keine Entwicklung des Einzelnen zulässt. Keiner darf wirklich er selbst sein . Die Kinder müssen, wenn sie sich entfalten möchten, ausbrechen. Freunde der Kinder werden entweder durch die Familie aufgesaugt oder abgestoßen. In so einer Familiengemeinschaft kann ein Kind weder die Partnerschaft noch das gute Leben in einer Gemeinschaft lernen.

Die gespaltene Familie

In diesem Familienbild gibt es einen Pakt zwischen Tochter und Vater und Sohn und Mutter. Wie sich dieses System entwickelt, ist in der Schilderung über die ödipale Phase dargestellt. In der Praxis ist dieser Bund zu erkennen an gemeinsamen Geheimnissen, durch das Eintreten für den Bündnispartner und ähnlichem. Die gespaltene Familie kann nur entstehen, wenn die Partnerschaft schon Sprünge aufweist. In einer gut gelebten Partnerschaft haben die Kinder keine Chance, Pakte zu schließen.

Die lose Familie

So eine Gemeinschaft wird meist nur durch wirtschaftliche Gründe zusammengehalten oder man traut sich aus den unterschiedlichsten Gründen eine Scheidung nicht zu. Die einzelnen Mitglieder so einer Familie leben fast unverbindlich nebeneinander her. Es gibt daher auch wenig Reibungsflächen und Auseinandersetzungen. Nur Kinder bilden manchmal miteinander Bindungen aus, die schwer zu lösen sind.

Die Patchwork-Familie

Eine Partnerschaft kann beendet werden. Eine Familie bleibt immer bestehen, auch wenn die Partner sich getrennt haben. Es gibt einen Vater, eine Mutter und zumindest ein Kind. Sie müssen aber nicht in einem gemeinsamen Haushalt leben.

Die eigentliche Patchwork-Familie kann aus verschiedenen Familienmitgliedern bestehen, die zusammen leben.

Die kleinste Familieneinheit besteht aus zwei Personen unterschiedlicher Generationen. Sie kann verschieden durch weitere Mitglieder ergänzt werden.

Für das gute Zusammenleben ist es wesentlich, dass jedes Mitglied, auch die getrennt Lebenden, geachtet wird. Es muss auch der vererbte oder nachgelebte Anteil eines Kindes geliebt werden, der von einem getrennt lebenden Elternteil stammt. Wenn das nicht geschieht, so kann das Kind diesen Anteil auch nicht annehmen, was zu einer inneren Störung führen kann.

Gerade in dieser Familiengemeinschaft ist es wichtig, dass nicht mit gleichmachenden Einheitsstreben alle sich auf den gleichen Familiennamen umschreiben müssen. Es ist auch nur die Person Vater oder Mutter zu nennen, wo das wirklich zutrifft; sonst sollte der Vorname gewählt werden.

Die ideale Familie

In dieser Gemeinschaft wird die gute Partnerschaft gelebt. Der Partner darf sein Selbst leben und wird wohlwollend in seiner Selbstversorgung unterstützt. Den Kindern wird dasselbe zugestanden. In dieser Gruppe wird daher die Selbstentfaltung nicht nur zugelassen, sondern auch gefördert. Das Familienbild wird daher bunt. In dieser Gemeinschaft der Vielfalt kann die Einheit gelebt werden. Dagegen muss in der verstrickten Familie die Gleichheit herrschen, die der Vielfältigkeit keinen Platz lassen kann. In der idealen Familie fördert das ergänzende Andersein der Mitglieder eine lebendige Gemeinschaft, die sich immer weiterentwickelt und daher Dauer hat. In einer solchen Gemeinschaft wird auch viel Schönes erlebt. In die Planung werden alle eingebunden. Gemeinsam werden Ziele wie Speiseplan für die kommende Woche, das Feiern von Festen, das Unternehmen von Ausflügen, die Urlaubsgestaltung und ähnliches beschlossen. Dann wird ausgemacht, was ein jeder zum Gelingen des vereinbarten Zieles beizutragen hat. In so einer Gruppe wird ein Konflikt als ganz selbstverständlich gesehen und aufgearbeitet.

Bilder der Geborgenheit oder der Gefangenschaft im Familiennetz

Wie in jeder Gruppe so wirken auch in der Familie gruppendynamische Kräfte. Diese Dynamik in der Familie ist vernetzt. Und dieses Netz zeigt sich in den Verknüpfungen und Abhängigkeiten der ganzen Sippe. Wenn jemand meint, seine Großfamilie gehe ihn nichts an, mit der habe er gebrochen, so verkennt er die Realität. Wir bleiben ein Leben lang von ihr abhängig. Wesentlich aber für ein gutes Leben ist, dass diese Verknüpfungen im Familiennetz Knoten der Liebe sind. Dann erlebe ich das Dazugehören zu dieser Gemeinschaft als Geborgenheit. Dieses Eingebettet-Sein gibt einem Sicherheit und macht frei. Das Bild eines Weinstockes bietet

sich hier als Vergleich an. Hat er gute Anbindungen an ein Rankengerüst, so können sich die Rebzweige gut entfalten und gute Früchte bringen. Steht der Rebstock aber völlig frei, ohne jede bindende Abhängigkeit, so kann er nur am Boden entlang dahinvegetieren.
Wenn aber die Verbindungen mit der Familiengemeinschaft aus Hass und Vorwürfen bestehen, so binden diese Knoten nicht weniger, aber sie werden wie eine Gefangenschaft erlebt. Es ist dann ein Eingebundensein, das keine Entwicklung zulässt und das Leben vergällt. Dazu kommt dann noch, dass ich mit der Ablehnung meiner Sippe auch einen Teil von mir selbst nicht annehmen kann.
In dieser Vernetzung im Familiensystem gehört ein jeder dazu. Und jede Veränderung eines Mitglieds wirkt sich auf die Gesamtgruppe aus. Daher ist es wesentlich, nicht die Anderen verändern zu wollen, sondern sich selbst zu ändern. Das Ziel jeder persönlichen Veränderung sollte dahin gehen, immer mehr das echte Selbst zu leben und sich dabei gut zu versorgen. Meinem wahren Selbst komme ich näher, wenn ich mir meine Verfremdungen immer mehr bewusst mache, sie auch annehme und in kleinen Schritten verändere. Wenn wir diesen Weg beschreiten, dann bewirken wir genug an Veränderung in dieser Welt. Denn durch meine Veränderung verändere ich auch meine Ausstrahlung und Wahrnehmung. Ich erlebe dann die Mitmenschen ganz anders. Je mehr aber jemand durch die Erziehungsarbeit verfremdet wurde und so sein musste, wie die Erzieher ihn haben wollten, desto eher wiederholt er diese Erziehung bei den ihm anvertrauten Menschen. Diese unbewusste Einstellung kann man manchmal bei Eheleuten erleben, wenn ein Partner meint, sich den anderen „richten" zu können.
Für ein Leben im angestrebten inneren Ganzsein und Frieden gehört auch die gute Verbindung zur Sippe. Keiner meiner Vorfahren und keines der Mitglieder darf draußen stehen. Alle gehören herein in die Großfamilie und haben ihren guten Platz. Auch die Namensgebung spielt eine nicht unbedeutende Rolle. Bei den Vornamen geht es oft um einen unbewussten

Auftrag des Namensgebers. Bekommt man des Vornamen des Vaters, so kann das heißen, führe alles weiter wie der Vater. Neue Namen bedeuten eher, mache etwas Neues. Bei mir war es so: die Eltern konnten sich nicht auf einen gemeinsamen Vornamen einigen. So wählte die Mutter meine zwei Vornamen aus; Josef wie der ihres Großvaters und Karl wie der ihres Vaters. Die Botschaft hieß: Führe die Tradition deiner Vorfahren fort! Bei den Nachnamen geht es mehr um die Würdigung der Namensträger. Man darf auch diesen Umgang nicht zu gering einschätzen.

Empfehlenswert ist es auch, dieses Dazugehören bildlich darzustellen. Dafür sammeln wir Fotos unserer Sippe und geben diese in ganz verschiedene Rähmchen. Für diese Bilder suchen wir uns einen passenden Platz in der Wohnung aus und hängen sie je nach Zusammengehörigkeit auf. Dabei betonen wir unsere innere Einstellung, dass wir alle zusammengehören. Dieses Gefühl können wir damit auch unseren Kindern vermitteln. Sie werden dann beginnen, uns über diese verschiedenen Verwandten auszufragen, was die Zusammengehörigkeit weiter verstärkt.
Es war früher in manchen Gegenden ein sehr wertvolles Ritual, dass die Eltern ihr Kind segneten, wenn es aus dem Haus wegzog. Dieser Segensspruch lautete ungefähr so: „Wir deine Eltern und alle deine Vorfahren schauen mit Wohlwollen auf dich herab und wünschen dir einen guten Lebensweg!“

Leider wird heute zu oft den ausziehenden Kindern anstatt des Segens ein „Fluch“ mitgegeben. Dabei meinen es die Eltern ganz anders. Sie haben oft nur zuviel Angst und Sorge um das Wohlergehen ihrer Kinder. So ein „Fluch“ kann darin bestehen, dass die Eltern einem Kind nichts zutrauen und es vor einem Unglück warnen möchten. So eine negative Botschaft kann in etwa lauten: „Du bist ja noch so jung!“ „Wenn etwas schief geht, kannst du jederzeit wieder zurückkommen!“ „Wir lassen dein Zimmer so wie du es verlassen hast!“

Das Bild über meine Zukunft wurde in der Vergangenheit gezeichnet

Mein Lebensskript

Die Transaktionsanalyse lehrt, dass sich ein Kind schon im Alter von ca. vier Jahren für eine bestimmte Lebensrolle entscheidet. Dieser unbewusste Prozess des Entstehens eines Lebensskripts beginnt schon sehr früh. Er reicht weit zurück und dürfte sogar generationsüberschreitend sein. In der Regel weiß ein Mensch nichts von diesem Vorgang. Manche aber kommen zum Nachdenken, wenn sich bei ihnen ganz ähnliche Vorgänge öfter wiederholen. Erst wenn man sich eingehender damit auseinandersetzt, kann einem etwas vom eigenem Lebensskript bewusst werden. So eine Lebensrolle nehme ich nicht nur wahr, sondern ich provoziere unbewusst auch Situationen, die zum Lebensskript passen. Ich will das an ein paar praktischen Beispielen verdeutlichen.

Lebensskript: „Ich bin immer die Zweite!"
Eine junge Frau namens Anna sagte, dass ihre ältere Schwester immer die Wichtigere war. Sie erlebte sich immer als Zweite.
Anna ist in einem Verein die Kassiererin, obwohl man sie überreden wollte, die Obfrau zu werden, da sie dafür sehr geeignet erschien.
Sie hatte eine Freundin, der sie sich unterordnete.
Eines Tages besuchte sie mit ihrem Mann die Schwiegermutter im Krankenhaus. Diese begrüßte ihren Sohn mit dem Namen und zu ihr sagte sie nur: „Grüß dich!"
Anna ist Helferin in einem Kindergarten und untersteht einer Kindergärtnerin. Sie heiratete einen bereits geschiedenen Mann und war auch da die Zweite.

Lebensskript: „Du wirst immer einsam sein!"
Eine Frau erlebte oft als lediges Kind einer Wirtin, die nicht mehr heiratete, dass sie alleine im Schlafzimmer war und unter ihr in der Gaststube ein reger Betrieb herrschte. Sie fühlte sich einsam und alleine. Traurigkeit beschlich sie. Diese Gefühle erlebte sie als Kind oft
Viele Jahre später fuhr diese Frau mit dem Zug nach Wien. Ihr Ehemann begleitete sie. Sie sah beim Zugfenster hinaus und bewunderte die gelb blühenden Rapsfelder. Dieses Bild begeisterte sie und sie wollte es mit ihrem Mann teilen. Dieser war aber in seine Zeitung vertieft und teilte ihre Begeisterung nur halbherzig. Da schaute sie wieder beim Fenster hinaus und auf einmal beschlich sie ein Gefühl der Trauer und Einsamkeit.

Lebensskript: „Dir gelingt alles!"
Ein älterer Lehrer erzählte, dass er sein bisheriges Leben so richtig genossen habe. Nach seinem Studium wollte er ein paar Jahre im Ausland unterrichten. Er suchte darum an und bekam einen Dreijahresvertrag für Kanada. Nach dieser Zeit ergänzte er daheim sein Studium, um auch noch andere Fächer unterrichten zu können. Da das Reisen zu einer seiner Lieblingsbeschäftigungen wurde, ließ er sich als Lehrer für drei Jahre karenzieren und wurde bei einem Reisebüro Reiseleiter. Nach dieser Tätigkeit kehrte er wieder in den Schuldienst zurück. Bald darauf bewarb er sich um eine ausgeschriebene Direktorenstelle, die er auch bekam. Eigentlich, so sagte er, wisse er irgendwie, dass er ein Glückskind sei.
Ein ständiger Gewinner nimmt ein Verlieren gar nicht so ernst. Vielleicht war es sogar gut so. Und übrigens wird es bald wieder anders ausschauen.
Dagegen lässt sich ein Verlierertyp mit seinen Niederlagen seine Gesamteinstellung bestätigen. Ich wusste ja schon im Voraus, dass es nichts werden wird.

Der Aufbau eines falschen Selbst

Schon im Mutterleib kann ein Kind unbewusst die Ablehnung durch die Mutter spüren.
Nach der Geburt wird das dann weiter verstärkt durch unbedachte Äußerungen, die das Kind mitbekommt, wie zum Beispiel: „Unser Viertes hätten wir nicht mehr gebraucht!“ Aber es genügt auch schon die innere Einstellung der Ablehnung, denn das Kind fühlt sie.
So ein Kind muss sich dann das Dasein erst verdienen. Es meint, sehr viel tun zu müssen, um willkommen zu sein. So eine meist unbewusst gemachte Erfahrung eines Kindes festigt die Einstellung, dass es nicht so wichtig ist, wie es ist. „Ich muss so sein, wie die Eltern mich haben wollen.“ Diese Sicht schafft die Grundlage für den Aufbau eines falschen Selbst. Solche Kindheitserlebnisse begleiten den Menschen ins Erwachsenenalter. Und so lange das falsche Selbst „gefüttert“ wird, bleibt es erhalten. Erst wenn es nicht mehr Anerkennung findet oder unbeachtet bleibt, bröckelt es und bricht letztlich ganz zusammen. Wenn sich aber kein echtes Selbst entfalten konnte, dann ist nichts da. Dieses Nichts wird meist als dunkles Loch erfahren und als Depression erlebt.
In unserer Gesellschaft mit ihren Konkurrenzkämpfen gleicht das falsche Selbst meist dem Image. Man ist so wie es der Arbeitsplatz erfordert, man entspricht dem Arbeitgeber. Aber nur das echte Selbst entspricht der wahren Identität eines Menschen.

Verinnerlichungen

Gerade als Kinder, vor allem um das zweite und dritte Lebensjahr herum, brauchen wir Annerkennung und Lob. Es ist das aber gleichzeitig auch eine Zeit, die die Mütter sehr fordert. Das Kind will die Welt entdecken, hinter die Dinge schauen....und kennt dabei aber noch keine Gefahren.

Wie holt sich das Kind die Anerkennung und das Lob? Oft dadurch, dass es sich so verhält, damit die Mutter wenig belastet wird. Das Kind entspricht dann den Wünschen der Mutter und unterdrückt das eigene Wollen. Wenn später dieses Kind als Jugendlicher wieder erlebt, dass seine Entscheidungen, sein Tun und Planen nicht gefragt sind, dann entsteht in ihm eine entsprechende verinnerlichte Lebenshaltung. Solche Einstellungen könnten sein:

Auf mein Handeln kommt es nicht an. Wie willst du mich haben?

Um mich kümmert sich niemand. Ich muss die anderen versorgen.

Ich selbst wurde nicht geliebt. Die Anderen sind liebenswert.

Geheime Botschaften

Für die Lebensgestaltung eines Menschen wirkt das Vorgelebte am prägendsten. Das innere Bild vom Leben und die Art der Entfaltung des Selbst eines Erziehers bewirkt bei den Kindern am meisten. Es ist daher weniger bedeutsam, was die Eltern sagen und dann erwarten, dass das Kind es befolgt. Hier geht es um Funktionen. Was wirklich zählt, ist die gute mitmenschliche Beziehung. Die eigentliche Erziehungsarbeit ist daher die persönliche Entfaltungsarbeit des Erziehers an sich selbst. Kinder sind wie Spiegelbilder. Sie geben etwas vom Leben der Eltern wider.
Geheime Botschaften werden aber auch generationsüberschreitend weitergegeben. Es geht dabei immer um innere Bilder vom Leben. Oft werden solche Lebensvorstellungen durch besondere Ereignisse ausgelöst.
Am nachfolgendem Beispiel will ich dies verdeutlichen. Da war ein Großvater, der sein ganzes Vermögen „versoffen“ hatte. Vor der Versteigerung seines Anwesens hängte er sich auf. Von diesem Großva-

ter wird heute nicht mehr geredet. Er wurde aus der Sippe ausgeblendet. Dafür entstand für alle die Botschaft: Du musst dich beherrschen können! Diese unausgesprochen Weisung wirkt. Manchmal wird sie auch ausgesprochen. Ein Enkelkind verwirklichte diese Botschaft schon sehr früh. Das zeigte sich dadurch, dass es keine Trotzphase hatte. Am Beginn der Pubertät erkrankte die Enkelin dann an der Magersucht. Das Sich-Beherrschen-Müssen hatte sich gewissermaßen im Unbewussten verselbständigt.

Als geheime Botschaft kann auch die Stellung der Frau oder des Mannes in der Familie über Generationen weitergegeben werden. Es gibt daher Familien, in denen die Frauen das Sagen haben. Männer sind dort unwichtig und sterben meist bald.
Doch es kann auch das Bild der dienenden Frau in einer Sippe vorherrschen. In solchen Gemeinschaften sind die Männer Patriarchen.

Rollenzuweisung

Die Eltern haben ein Bild von ihren Kindern. Dabei kann ein Kind, bei dem die Sicht der Eltern mit dem Sein des Kindes nicht übereinstimmt, in eine bestimmte Rolle gedrängt werden. An den Rollenbildern ihrer Kinder haben die Eltern auch einen nicht zu unterschätzenden Anteil. Sie können den Kindern in Form eines Wunsches, einer Befürchtung, einer Verdrängung, einer Überwälzung und dergleichen übermittelt werden. Solche Rollen sind zum Beispiel der Tüchtige, der alles kann und deshalb mit allem befasst wird. Der Gescheite, den alle fragen und der für viele etwas erledigen muss. Der Kranke, den man schonen muss. Der Sparmeister, der immer genug Geld hat. Der Verschwender, der Sammler, der Unwichtige, der Optimist, der Gute etc.
Diese Rollen werden meist ein Leben lang beibehalten. So können

erwachsene Geschwister immer noch zum „gescheiten" Bruder kommen, wenn etwas Wichtiges zu besprechen ist.
Zum besseren Verständnis noch ein Beispiel zur Rolle des Kranken: In einer Familie waren drei Kinder. Das mittlere war ein Mädchen, das Asthma hatte. Sie wohnten im zweiten Stock eines Miethauses und hatten als Heizung Ölöfen in den Zimmern. Das Heizöl musste täglich vom Keller in die Wohnung getragen werden, um die Öltanks der Öfen aufzufüllen. Diese Aufgabe wurde den Kindern übertragen. Da das Mädchen Asthma hatte, musste es kein Öl hinauftragen. Als die „Kranke" wurde sie verschont. Später heilte das Asthma aus. Eines Tages - das Mädchen war bereits eine Frau von fünfzig - ging sie mit ihrem Mann in Tirol in ein Gasthaus zum Mittagessen. Im Hof dieses Hauses sah sie einen Öltank, der genauso aussah wie der daheim. Sie erlitt sogleich wieder einen Asthmaanfall. Als Gesunde hätte sie auch Öl tragen müssen!

Ausgesprochene Aufträge und Botschaften

Wenn aus unserer innersten Einstellung über Jahre hinweg immer wieder etwas gesagt wird, dann wirkt es auch. Allerdings können solche Aufträge oder Botschaften genau das Gegenteil von dem auslösen, was man eigentlich bezwecken wollte. Es kann so lange vor etwas gewarnt werden, bis es endlich getan wird.

Auch dazu ein Beispiel:
Eine Mutter erlebte in ihrer Kindheit wie es beim Spielen mit Zündhölzern in einer Scheune zu einem Brand kam. Dieses Erlebnis belastete sie sehr. Ihrer Tochter verbot sie immer wieder, mit Zündhölzern zu spielen. Für das Kind, das damals noch keine Zündhölzer kannte, war dies überhaupt kein Thema. Durch die Angst der Mutter und die andauernden Warnungen wurde das Feuermachen für die Tochter aber zu etwas Bedeutsamem. Und so begann die

Tochter mit dem „Zündeln".

In diesem Sinne ist auch das Büchlein „Der Struwwelpeter" zu verstehen. Es sollte vorne beim Titel fettgedruckt stehen: Nur für Eltern! Wie sie es nicht machen sollten!

Dabei ist zu bedenken werden, dass das Unbewußte kein Nicht kennt.

Wenn eine Mutter immer wieder sagt: „Das Leben ist hart!", dann vermittelt sie damit den Kindern eine Lebensschwere. Sie können dann schlecht die Leichtigkeit eines schönen Lebens genießen lernen.

Nachstehend noch einige oft gebrauchte Lebensbotschaften:
Es wird dir nichts geschenkt im Leben.
Du musst es schaffen.
Sei immer zu allen freundlich.
Mach' es allen recht.
Ich bin für dich verantwortlich.
Die anderen sind wichtiger.
Das kannst du nicht machen, das fällt alles auf uns zurück.
Alt darf man nicht werden.
Traue den Menschen nicht.
Du darfst dich auf nichts zu sehr freuen.
Heiraten tät ich nie wieder.
Wegen der Arbeit ist man auf der Welt.
Aus dir wird einmal nichts.
Von daheim darf man ja nichts erzählen.
Bleib' immer schön am Boden, dann kannst du nicht weit fallen.
Du bist überflüssig.
Du wirst dich eines Tages „darennen".
Du landest noch einmal im Zuchthaus.
Tue immer etwas mehr als man von dir verlangt.

Jeder hat so sein Pinkerl zu tragen.
Das ist unser Los als....
Erledige zuerst alles, dann kommt das Spiel.
Eine Scheidung kommt nie in Frage.

Oder:
Du bist ein Glückskind.
Dir gelingt einfach alles.
Du bist ein Sonntagskind.
Genieße das Leben.
Leg' nicht alles auf die Waagschale.
Du gehst einmal deinen Weg.
Dir liegt die Welt zu Füssen.
Nach jedem Regen kommt Sonnenschein.

Es ist wichtig zu überlegen, ob ich solche Botschaften kenne und vielleicht auch schon weitergebe. Wir unterschätzen nämlich meist die Wirkung solcher elterlichen Botschaften.

Dazu wieder ein Beispiel aus meiner Praxis.
Da war eine ältere Lehrerin für die die Botschaft: „Du kannst es dir nicht richten im Leben!" voll zutraf. Voller Empörung erzählte sie, wie ihr Direktor es sich im Leben immer zu richten wisse. Er unterrichtet die Klasse, die neben seiner Kanzlei liegt. Seine Kanzleiarbeiten erledigt er neben seinem Unterricht. Die Schüller beschäftigt er in dieser Zeit mit „Stillarbeiten". Wenn er mittags aus der Schule geht, dann hat er bereits alles erledigt. Sie aber musste dann zu Hause noch viel für die Schule tun. Außerdem musste sie für ihre alte Mutter sorgen, mit der sie zusammenlebte. Bei einer Schwester, die in der Nähe in einen großen Bauernhof eingeheiratet hatte, betreute sie die Kinder beim Lernen. Für sie selbst blieb keine Zeit.
Positiv wirken sich Botschaften aus, die zu Mut, selbstverantwort-

licher Lebensgestaltung, Freude am Leben, etc. auffordern. Dagegen kommt es einem Fluch gleich, wenn man einem Kind nichts Gutes zutraut und nur Warnungen vermittelt.

Das Selbst als Bild einer Blume

Im Samen einer Pflanze ist schon alles grundgelegt. Die gute Entwicklung hängt nun von den verschiedenen Umweltbedingungen ab, wobei sich die einzelnen Teile der Blume nach einem Grundplan entfalten. Dabei gibt es zu bestimmten Zeiten unterschiedliche Schwerpunkte in der Entwicklung einzelner Pflanzenteile, bis alles zu einem funktionierendem Ganzen zusammengewachsen ist.

Auch hier sehen wir, dass uns vieles aus der Vergangenheit vorgegeben ist. Dabei möchte ich bewusst gar nicht darauf eingehen, was uns vererbt wurde und was aus dem Einfluss der Umwelt entstand. Wesentlich ist, dass ich mir meine Lebenssituation bewusst mache, sie annehme und gut damit umzugehen versuche.

Erik Erikson sagt: „Es gibt keine wahre Zweiheit, bevor man nicht selber eine Einheit ist".

Diese Einheit setzt voraus, dass ich bei mir selber einkehre und mir begegne in aller Offenheit. Das geht aber nur in einer von Vertrauen getragenen Beziehung zu mir selbst. Diese innere Haltung der eigenen Intimität braucht den Schutz der Distanz und der Abgrenzung. Es wird aber dadurch möglich, dass ich mich auch in meiner Armseligkeit anzunehmen vermag.

Diese Einstellung wurde durch meinen Lebenslauf stark beeinflusst. Es ist wie ein Kreislauf. So wie mit mir umgegangen wurde, so gehe ich zunächst auch wieder mit mir und dann mit anderen um.

Auch die echte Zweisamkeit braucht den Schutz der Intimität. In dieser Geborgenheit wird Hingabe angstfrei möglich, gibt es ein Schenken und Verschenken in jeder Hinsicht. Dies zeigt sich am deutlichsten im persönlichen Gespräch, bei dem sich dann ein jeder schutzlos preiszugeben vermag. Hier entsteht eine Atmosphäre, in der man sich einander erschließen und mitteilen kann, was in einem ist und in einem vorgeht. Dabei zeigen sich deutliche Unterschiede zwischen männlich und weiblich. Das Männliche hat ungleich mehr Angst vor der grenzenlosen Nähe als das Weibliche, für das es ein erwünschter Zustand ist. Hier wirkt beim Mann die Art der Abhängigkeit von der Mutter sehr bestimmend, wie dies schon ausführlich beschrieben wurde.

Wer sich aber auf diese Intimität nicht einlassen will, der isoliert sich. So ein Mensch wird auch Schwierigkeiten im mitmenschlichen Kontakt haben. In der Praxis zeigt sich, dass jede Kontaktstörung auch eine Intimstörung ist.

In der weiteren Entfaltung geht es darum, wie man die Lebensgestaltung der Kinder und der nachfolgenden Generation sieht. Es geht dabei wesentlich um Wertvorstellungen und Verhaltensweisen der neuen Generation. Wenn ich diese als unmöglich ablehne, dann werde ich auch diese Generation meiden und die Verbindung zu ihr abbrechen oder erst gar nicht aufbauen können. In der Folge ziehe ich mich immer mehr auf mich selbst zurück. Ich werde mein „liebstes Kind" und verwöhne mich selbst. Dabei kommt es zu einer Verarmung in den zwischenmenschlichen Beziehungen und zu einem Entfaltungsstillstand. Opa

Diese Fehlhaltung wird dann oft mit den Sätzen wie „Die werden schon sehen wo das hinführt!" oder „So kann das nicht weitergehen, aber die lassen sich ja nichts sagen!" ausgedrückt. Körperlich zeigt sich dieser Rückzug auf sich selbst dadurch, dass so ein Mensch seine vielen „Wehwehchen" hat und diese pflegt.

Es ist daher sehr wichtig, auch wenn einem die Sicht- und Verhaltensweise der nachfolgenden Generation nicht zusagt, sich mit dieser auseinander zu setzen und sie wohlwollend zu betrachten. Dabei hilft auch die Erinnerung an die Zeit, als unsere Eltern in dieser Situation waren und was sie zu uns sagten. Es ist für unsere Entwicklung sehr bedeutsam, sich zu freuen, dass unsere Kinder und ihre Generation in ihre Aufgaben hineinwächst. Wir dürfen sie dabei begleiten in der Übernahme der ihr zuwachsenden Verantwortung und lernen, uns zurückzuziehen. Dabei können wir erfahren, wie diese heranwachsende Generation ihre Werte neu formuliert. Irgendwie halten sie uns dabei einen Spiegel vor und wir können sehen, dass dies auch mit uns und unseren Vorstellungen zu tun hat.

Für jede gesellschaftsgestaltende Altersgruppe ist die Auseinandersetzung mit der vorangegangenen bedeutsam. Dieses Reiben aneinander soll aber offen und flexibel vor sich gehen. Es geht dabei nicht darum, wer Recht hat und wer nicht. Es soll auch keine Sieger und keine Verlierer geben, sondern nur Gewinner, die ihre Sicht vertiefen konnten und zu neuen Standpunkten fanden.

So wie in der Gesellschaft ist diese Auseinandersetzung auch im einzelnen wichtig. Dies soll aber weder mit „erhobenem Zeigefinger" noch mit gut gemeinten Ratschlägen erfolgen. Es geht vielmehr um unsere Lebenserfahrung und darum, wie der Gesprächspartner es für sein Leben annehmen und umzusetzen vermag. Es muss uns aber bewusst sein, dass solche Gespräche durch unsere Grundhaltung geprägt sind. Optimal wäre es , wenn wir dabei unserem Gegenüber den guten Umgang mit sich selbst und seiner Umwelt zutrauen und ihm wünschen, dass es ihm glückt. So eine Lebenshaltung führt zu einer Leichtigkeit des Seins und zur Gelassenheit. Sie ermöglicht den guten Lebensfluss, der nicht stagniert. Ein solches Verbundensein mit der Menschheit ermöglicht es, das Leben weiterhin kreativ zu gestalten.

Im letzten Abschnitt unseres Lebens geht es bewusst oder unbewusst darum, dass wir auf unser einmaliges und unwiederbringli-

ches Leben zurückblicken. Wir können es nicht mehr anders gestalten. Es nützt auch nichts, wenn ich anderen für mein Versagen die Schuld zuweise.
Wenn es mir gegönnt ist, zu meiner ganz persönlichen Lebensgeschichte ja zu sagen, auch wenn nicht alles ganz nach meinen Vorstellungen verlief, vermag ich auch zu meinem jetzigen Dasein eine positive Sicht und Haltung einzunehmen. Dabei ist es auch bedeutsam, dass ich für mein bisheriges Leben die alleinige Verantwortung übernehme. Ich kann mich dabei meiner Schwächen und Stärken erinnern und sie als zu mir gehörig akzeptieren. In dieser Rückschau kommen auch Menschen in den Blick, die für mich eine ganz besondere Bedeutung hatten. So vor allem die Eltern, die man jetzt neu zu sehen beginnt und eine neue Liebe zu ihnen entwickelt.
Zusammenfassend kann ich auch hier wieder feststellen, dass die Qualität meines augenblicklichen Seins durch die Gestaltung meines vergangenen Lebens weitestgehend bestimmt wird.
Wenn ich aber im Rückblick auf das eigene Leben sagen muss, dass alles oder zu viel schief gelaufen ist, dann möchte ich es zum Besseren hin verändern. Dazu ist es aber schon zu spät. Die Zeit meines bevorstehenden Lebens reicht dafür nicht mehr aus. Es kann dann leicht ein Gefühl der Verzweiflung aufkommen, da meine Lebenswege nicht mehr neu zu gehen sind. Zu diesem Gefühl kann sich auch eine Todesangst gesellen. Man sieht das „verspielte" Leben und fühlt sich gefangen in der Endlichkeit. So ein Mensch erlebt Lebensüberdruss und Ekel. Sehr oft erfolgt dann eine falsche Abwehrreaktion durch die Schuldabschiebung auf andere. Es wird auf Institutionen geschimpft und es werden andere Menschen verächtlich gemacht.
Ich will dies an einem praktischen Beispiel verdeutlichen. Ein siebzigjähriger Mann in einem Seniorenheim schimpft grundlos über

alles. Das Zimmer ist ihm zu klein, die Möbel zu hässlich, das Essen zu schlecht und die Schwestern sind gerade zu ihm so unfreundlich. Er merkt dabei gar nicht, dass er in Wirklichkeit sich selbst und seinen Lebensweg verachtet.

Erst als der Mann lernte, für das in seinen Augen verpfuschte Leben selbst die Verantwortung zu übernehmen, konnte er bewusst darauf zurückschauen. Er lernte auch schön langsam Bruchstücke seines vergangenen Lebens anzunehmen. Dabei veränderte sich auch seine Sicht zu den Menschen seiner Vergangenheit. Dieser Mann lernte sich auch von dem zu verabschieden, was nicht mehr zu ändern war und konnte nun auch das in seinem Leben Gelungene annehmen.

Das so einfach Geschilderte war aber keinesfalls leicht, da dieser Mann anfangs immer wieder in seine gewohnte und ihm vertraute Lebenshaltung zurück fiel. Erst als er eine wirkliche Verbesserung seiner Lebensqualität spürte, ging es rasch voran. Dieser Mann kann nun sich und seine Umwelt bejahen, weil er sich seiner Vergangenheit nicht mehr zu schämen braucht.

Wenn Sie nun wieder das Bild der Blume als Symbol des Selbst betrachten, dann sehen Sie, wie alles zusammengehört und aufeinander aufbaut.

In diesem Zusammenhang weise ich auf die Ausführungen im Kapitel „Bilder zum Umgang mit Kindern", Abschnitt „Bedeutende Entwicklungsphasen in der Kindheit" hin. Auch diese Entwicklungsabschnitte sind auf der Grundlage von Erik Erikson erstellt.

Bilder zum Umgang mit Kindern

Schon sehr früh, lange vor einer Partnerschaft, entsteht bewusst oder unbewusst ein inneres Bild von meinen zukünftigen Kindern. Dabei fließen meine bisherigen Lebenserfahrungen, meine erfreulichen Erlebnisse aber vor allem meine seelischen Verletzungen mit ein. Schon hier können Wurzeln einer späteren Verfremdung des Kindes durch meine spätere Erziehung liegen.

Wenn ich bedenke, dass jedes Kind ein einmaliges Geschöpf ist und einen einmaligen Lebensweg zu gehen hat, dann kann ich als Erzieher ein Kind nicht nach meinen Vorstellungen bilden. In meinen Absichten sind nämlich oft auch meine unerreichten Ziele, meine unerledigten Aufgaben, meine ungelebten Gefühle etc., die dann wenigstens mein Kind erreichen, erledigen oder leben sollte. Diese dem Kind zu überantworten wäre aber falsch!

Auch die gute Entfaltung des Kindes will ich mit dem Bild einer Blume zeigen. Dabei lade ich Sie zu folgender Übung ein: Schließen Sie die Augen und stellen Sie sich vor, Sie hätten einen Samen einer beliebigen Blume in der Hand, den Sie in fruchtbare Erde setzen. Sie wissen nicht, welche Blume sich daraus entwickeln wird. Voller Neugier schauen Sie zu, wie aus dem Samen eine Blume entsteht. Sie nehmen die Art dieser Pflanze an, egal welche es wird. Ihre Aufgabe besteht vorerst nur im Gießen, Lockern des Bodens und darin, für Licht und Wärme zu sorgen. Wenn es nötig ist, stützen Sie die Blume mit einem Stab. Nehmen Sie nun noch einmal die Blume, auch wenn sie vielleicht nicht Ihrer Idealvorstellung entspricht, in Ihrer ganzen Schönheit und Einzigartigkeit wahr. Nun öffnen Sie die Augen wieder.

Das Wachsen der Blume kann mit der Entwicklung eines Ihnen anvertrauten Kindes verglichen werden. Ihre Aufgabe besteht im Wesentlichen darin, dass sie die äußeren Rahmenbedingungen für die Entfaltung des Kindes schaffen. Die weitere, eigentliche Erziehungsarbeit richtet sich nicht so sehr auf das Kind, sondern auf den Erzieher. Es kommt nämlich nicht so sehr darauf an, was Eltern den Kindern *sagen*, sondern was sie ihnen *vorleben*. Die gute Entfaltung der Eltern schafft daher die besten Voraussetzungen für die Entwicklung der Kinder.

Das Bild des Blumenstabes für die Orientierung

Wie der stützende Stab der wachsenden Blume Halt und eine gute Ausrichtung ermöglicht, so wirkt auch die innere Einstellung der Eltern für die Kinder und gibt ihnen sichernden Halt.
Wenn Eltern zu sich selbst, zum Partner, zu ihrem Heim, zu ihrem Tun und ihrer Zukunft trotz aller Mängel und Schwierigkeiten „Ja" sagen können, dann leben sie orientiert. Dies gibt ihnen Sicherheit und ermöglicht eine gute und gelassene Lebensgestaltung und ermöglicht diese auch ihren Kindern.
Verstärkt wird diese Sicherheit und Orientierung für Kinder noch dadurch, dass Eltern ihre Dauerbeziehung durch Eheschließung bekräftigen.
Mögen aber Eltern sich selbst nicht leiden, lehnen sie den Partner ab, sind von ihrem Beruf frustriert und ärgern sich über ihr Zuhause und ängstigen sich über ihre Zukunft, dann leben sie unorientiert. Das erzeugt sowohl bei den Eltern als auch bei den Kindern Unsicherheit, welche Angst und Aggression auslöst.

Erziehungsziele

Darunter verstehe ich Endziele, zu denen wir unterwegs sind, die wir aber nie vollständig erreichen können. Diese Ziele soll ich auch später als Erwachsener nie aus den Augen verlieren. Meines Erachtens ist ein Zeichen für ein geglücktes Leben, dass wir immer mehr unser wahres Selbst leben und uns dabei auch selbst gut versorgen. Damit uns dies auch gelingen kann, bedarf es dreier Voraussetzungen:

1) Ich muss zu mir Ja sagen können.
2) Ich muss meinen Platz in meiner Familie und meinem gesellschaftlichen Umfeld finden.
3) Ich muss ein Ziel finden, das meinen Lebenssinn. ausmacht.

Da sehr oft die Rede vom „Selbst" ist, will ich hier kurz einmal darauf eingehen, was ich darunter verstehe. Es ist alles, was mich ausmacht und zugleich die Mitte meiner Persönlichkeit. Das Selbst ist das Herz unserer Persönlichkeit, das alles belebt. Es ist der Geist, der unsere Eigenart, unser So-Sein formt. Zugleich ist es auch der Ausdruck des in allen Schichten geeinten Menschen. Damit ist die Synthese zwischen Bewusstem und Unbewusstem, Rationalem und Irrationalem, Bios und Logos gemeint. Das Selbst umfasst die Geist-, Seele- und Leibeinheiten des Menschen. Das „Ich" hingegen ist, kurz gesagt, nur der Organisator des Bewusstseins (und Vorbewusstseins) und somit nur ein kleiner Teil des Selbst.
In diesem Zusammenhang halte ich es auch für erforderlich, dass wir einen Blick auf die zeitliche Ich- und Selbstentfaltung werfen. Das Kind lebt von der Zeugung bis etwa drei Monate nach der Geburt fast ausschließlich im Unbewussten mit dem Ich der Mutter verschmolzen. Etwa vom vierten Lebensmonat an lebt das Kind schon mit dem eigenen Ich, aber noch innerhalb des Mutterbereiches. Erst um den 18. Lebensmonat beginnt sich das Baby von der Mutter zu lösen und das eigene Selbst zu entfalten. Die Grundlagen des Selbst sind so um das dritte Lebensjahr abgeschlossen. In dieser Zeit wird das Kind die Mutter als gut erleben, wenn sie daheim ist und etwas erlaubt. Sie wird als böse erfahren, wenn sie nicht da ist oder wenn sie etwas verbietet. Das Erleben der guten und der bösen Mutter ist der Selbstwerdung förderlich.

Auch innerhalb des Selbst laufen ständig Entwicklungsprozesse ab, die nie aufhören. So können wir als unterste Stufe der Selbstentfaltung Befriedigung im Essen,Trinken, Körperkontakte, Erotik und Sexualität nennen. Die kreative Berufsausübung, der befruchtende mitmenschliche Kontakt usw. sind höhere Entwicklungsstufen. Mit diesem Hinweis sollen keinesfalls die unteren Stufen abgewertet werden. Nur sollen wir nicht dort stecken bleiben. Die höchste Stufe der Entfaltung des Selbst ermöglicht tiefe Einsichten in den Lebenssinn, die Religion und die Spiritualität. Weitere Entfaltungsstufen des Selbst können nur noch als persönliche Erfahrungswerte wahrgenommen werden, da sie zutiefst mit der Einmaligkeit der Persönlichkeit und ihrer Lebensgeschichte zu tun haben.

Das Ja-Sagen zu sich selbst

Wenn das Kind die Erfahrung macht, dass es geliebt wird, so wie es ist, dann kann es sich auch selbst lieben. Das wird noch verstärkt, wenn das Tun des Kindes beachtet wird. So sollen die ersten Schritte, das Plappern, die ersten Kritzeleien... wohlwollend beobachtet und anerkannt werden. Für das Kind ist es wichtig, dass seine Entscheidungen und Initiativen nicht abgewürgt werden. Dazu soll das Kind von den Eltern auch hören, dass es hübsch ist. Wenn die Verbote sparsam und das Lob und die Anerkennung reichlich erlebt werden, dann fühlt sich das Kind als gut und es kann leicht Ja sagen zu sich selbst.
Muss sich das Kind aber die Liebe der Eltern über die Leistung holen, dann lernt es nicht, sich selbst zu lieben.

Die Sozialisation

Wenn in einer Familie ganz bewusst die Einstellung herrscht, dass wir alle miteinander leben, dann entsteht Menschlichkeit in dieser Gruppe. Herrscht dagegen die Haltung vor, dass jeder vom anderen etwas erwartet, dann geht es nur um das Funktionieren der Gruppe. Diese Fehlhaltung ermöglicht kein gutes menschliches Miteinander und dient nicht dem Ziel der Sozialisation.

Der am häufigsten gemeinsam aufgesuchte Platz in einer Familie ist wohl der am Esstisch. Dieser sollte nie zum Gerichtstisch verkommen, wo Strafen verteilt und Rügen ausgesprochen werden. Auch Lob für einzelne Familienmitglieder hat hier keinen guten Platz. Dieser Tisch soll für die ganze Familie ein Schutzraum sein, an dem Mahl gefeiert wird und lustige Spiele und dergleichen gemeinsam erlebt werden.

Das Kind soll einfach erfahren, dass es schön ist in einer Gemeinschaft zu leben. Je mehr man in einer Gruppe Schönes erlebt, desto mehr schätzt man sie. Das Kind soll aber auch erleben, dass es überall dort wo Menschen sind, Probleme und Schwierigkeiten gibt. Das ist kein Makel, sondern ganz selbstverständlich. Daher darf das Kind das auch sehen und damit umgehen lernen. Die Eltern werden dabei nachgeahmt, wie sie mit Konflikten umgehen.

In diesem Zusammenhang ist es wichtig, dass die Ebenen der Familie nicht verlassen werden. Die Partnerschaftsprobleme gehen nur die Eltern etwas an. Die Kinder sind da nicht mit einzubeziehen. Die Schwierigkeiten auf der Kinderebene sollen aber sie selbst zuerst zu lösen versuchen. Die Eltern müssen sich hier heraushalten. So können die Kinder lernen, wie man mit Konflikten umgeht. Die Familie soll für die Kinder ein Übungsfeld sein für das mitmenschliche Umgehen miteinander. Für die Sozialisation ist es sehr bedeutsam, dass die Kinder die Erfahrung machen, dass in einer Gruppe viel mehr möglich ist. Die schönen Familienfeiern oder die interessanten gemeinsamen Spiele und Ausflüge sind nur in einer Gemeinschaft möglich. Es geht also um die guten Erfahrungen und nicht um schöne Sprüche oder Ratschläge.

Der Computer und das Fernsehen sind aber zwei Faktoren, die dem Gemeinschaftserleben kaum noch eine Chance geben, wenn sich Kinder zu viel damit beschäftigen.

Dem Leben einen Sinn geben

Bei dieser Thematik wirkt die innere Einstellung der Eltern sehr stark. Wenn sie ihr Leben als sinnvoll erfahren und so gestalten, dann geben sie den Kindern sehr viel mit, um auch in ihrem Leben einen tieferen Sinn zu finden.

Gerade in unserer Gegenwart ist es schwer, nicht vom Zeitgeist erfasst und mitgerissen zu werden. In uns Menschen ist eine gewisse Begehrlichkeit da. Es kommt aber darauf an, auf was oder auf wen sich diese richtet. Es steht ein jeder vor der Wahl, sich für Gott oder einen Götzen zu entscheiden. Und diese Entscheidung kann auch eine Grundlage für Sinn oder Unsinn meines Lebens sein.

Auch hier gibt es sicher Menschen, die sich zutiefst aus ihrem Herzen für die Menschlichkeit entscheiden und dabei gar nicht wissen, dass sie sich für Gott entschieden haben.

In der globalen Gesellschaft, wie wir sie heute erleben, hat man sich größtenteils für den Götzen „Geld“ entschieden. Das hat zur Folge, dass sich die „Tüchtigen“ immer mehr im Konkurrenzkampf durchsetzen und daher immer reicher werden. Die „untüchtigen“ Armen werden immer ärmer. Der Mensch und das Menschliche bleiben auf der Strecke. Das Geld ist für alle „gleich-gültig“ und so wird auch der Mensch, der nur nach Geld strebt.

Wenn ich zu mir Ja-sagen gelernt habe, dann wird es mir auch möglich, tatsächlich auf ein Du zu zugehen. Diese mitmenschliche Kommunikation ist für meine Entfaltung notwendig. Ohne soziale Kontakte würden wir verkümmern.

Zur Selbstentfaltung

Erlauben Sie mir, dieses Thema mit einer kurzen, aber sehr eindrucksvollen Bildgeschichte einzuleiten.

Selma Lagerlöf berichtet in ihrer Erzählung von der Reise des kleinen Nils Holgerson mit den Wildgänsen von einem Elch, der in enger Umzäunung aufgewachsen ist. Seine eigene Kraft und das Leben im freien Walde kannte er nicht, so war er mit sich und seinem Dasein ganz zufrieden. Da verlockte ihn eines Nachts ein Hündchen, über das Gatter zu springen. Das Hündchen zeigte ihm die Schönheiten des Waldes, der Heide und des Moores und wie Elche in Freiheit leben. Noch dachte der Elch nicht daran, dass ein solches Leben auch für ihn das Richtige sein könnte. Er kehrte zu seiner Umzäunung zurück. Aber als er nun davor stand, und die Enge mit der ihm nunmehr bekannt gewordenen Weite verglich, da schüttelte er sein Geweih, und wählte die Freiheit, die sich ihm bot und wurde das, wozu ihn die Natur bestimmt hatte: ein starkes, stolzes und freies Tier im Wald. Der Elch hatte sich und seine Bestimmung erkannt.

Was sind denn unsere Umzäunungen?

Es sind meist Verfremdungen. Das heißt, dass ein Kind in seiner ureigensten Entfaltungsmöglichkeit gebremst, eingeschränkt oder behindert wurde. Das geschieht bewusst oder unbewusst vor allem durch die Art wie Eltern und Erzieher leben. Wie sie ihre Entfaltungsmöglichkeiten vermeiden oder Sehnsüchte und Wünsche aufgeben, wie sie sich resignierend mit Halbheiten zufrieden geben usw., Das alles wird auf die Kinder übertragen. Ungelebte Gefühle und unterdrückte Eigenschaften können auf die Kinder überwälzt werden.
Daher hat Erziehung zu allererst mit der guten Lebensentfaltung

des Erziehers zu tun. Die Verfremdung des Kindes nimmt dann die größten Ausmaße an , wenn Kinder so sein müssen, wie sie die Eltern oder Erzieher haben wollen. Das Ergebnis ist meist ein angepasstes Kind, das sich nicht mehr getraut, seine eigenen Lebensmöglichkeiten zu nutzen. Oder ein gezähmtes Kind, dem man seinen Eigensinn ausgetrieben und dabei das Rückgrat gebrochen hat. Ein so gelenktes Kind kann eine eigene Lebensgestaltung nicht mehr erlernen und daher auch die Selbstverantwortung nicht übernehmen.

Wenn ein Kind keine Chance zu einer guten Selbstentwicklung bekommen hat, dann wird es sich in der Umzäunung so einigermaßen einrichten. Wird aus so einem Kind dann ein Erwachsener, dann muss dieser seiner eingeschränkten Lebenssituation wenigstens rationell eine gute Begründung geben, damit er/sie den Mangel nicht wahrnehmen muss. Es gibt dann immer wieder Aussagen wie: Eigentlich geht es mir recht gut. Wir haben doch alles. Wir sind gesund, im Beruf erfolgreich, etc. Wer wirklich glücklich lebt, der braucht das nicht immer ausdrücklich zu betonen.

Auch die religiöse Erziehung kann hier missbräuchlich eingesetzt werden. Zum Beispiel, wenn Kinder immer wieder erfahren, dass Gott sie liebt, wenn sie brav gehorchen, ganz lieb sind usw. Eigentlich sollten sie so sein wie es den Eltern gefällt. Ebenso negativ wirkt es sich aus, wenn Kinder erfahren, dass Gott alles sieht. Das verstärkt in Wahrheit die Allgegenwart der Eltern.

„Der Sprung über den Zaun" - das heißt für das Kind zu wagen, wofür es geschaffen ist. Der wirkliche Schatz eines jeden Menschen ist das Selbst. Das Kind soll seine Chancen und seine Lebensmöglichkeiten nützen. Jedes Kind kann sich noch weiter entfalten, um zu dem zu werden, was es werden könnte. Dies ist kein einmaliger Vorgang, sondern ein lebenslanger Prozess. Wesentlich ist aber, dass dieser Weg eingeschlagen wird.

Kinder schauen zu den Eltern auf

Wenn sie sehen, dass die Eltern ihre Partnerschaft als beglückend erleben, dann vermitteln sie den Kindern SINNLICHKEIT.
Durch ihre Anwesenheit, ihre Zuwendung und Pflege vermitteln die Eltern den Kindern GEBORGENHEIT.
Die Erfahrung der Eltern als Gegenüber durch Nähe und Distanz macht BEZOGENHEIT erfahrbar.
Der feste Rhythmus von Schlaf, Versorgung und Zuwendung erzeugt BESTÄNDIGKEIT.
Die Verlässlichkeit der elterlichen Zuwendung vermittelt VERBINDLICHKEIT.
Das Nahesein, sich in die Augen schauen, betrachten, besprechen, den Dingen und Personen Namen geben, lassen AUFMERKSAMKEIT wachsen.
Gesten, Körperkontakte, Singen, Sprechen und Erzählen fördern die SPRACHFREUDIGKEIT.
Durch das Wiederholen und Festigen von alltäglichen Vorkommnissen entsteht GELASSENHEIT.
Durch das lockende, einladende und ermunternde Verhalten der Eltern wächst UNTERNEHMUNGSLUST.

Das Gute und das Böse

Alle Eltern wollen ihre Kinder gut erziehen. Sie sollen einmal glücklich sein. Daher sind sie auch bemüht, in ihnen die guten Eigenschaften zu fördern und die schlechten auszumerzen. So wird den Kindern gesagt:

„Sei immer fleißig und meide die Faulheit!“
„Spare und verschwende nichts, dann bringst du es einmal zu etwas!“
„Lerne die Ordnung! Die Unordnung bringt nur Verdruss!“

Solche und ähnliche mahnende Aufrufe wirken prägend, wenn sie jahrelang immer wieder vermittelt werden. Dabei können es völlig falsche Botschaften sein. Jede Eigenschaft hat eine Gegeneigenschaft. Wenn die beiden nicht auseinandergerissen werden und beide zu mir gehören dürfen, dann ergänzen sie einander und schaden mir nicht. Schlecht ist es aber, wenn Eigenschaft und Gegeneigenschaft getrennt werden und ein Teil als der gute verabsolutiert wird.

Ich will das an dem Beispiel vom Sparen und Verschwenden näher eräutern. Wenn ich das Sparen als das Gute alleine leben will, dann darf ich vom Ersparten nichts mehr verschwenden. Ich werde geizig. Wenn aber beides in mir sein darf, dann kann ich auf etwas sparen und mir das dann auch kaufen. Beides zusammen macht aus mir einen großzügigen Menschen.

Außerdem muss man bedenken, was mit den verdrängten, negativ besetzten Eigenschaften geschieht. Ich kann sie entweder auf die Kinder überwälzen und dort bekämpfen. Zum Beispiel: Ich bin die Ordentliche und bekämpfe die Unordnung meiner Tochter.
Das Verdrängte kann ich aber auch auf andere Personen projizieren und diese dann verachtungsvoll als „unmögliche" Leute wahrnehmen. Ich kann das Verdrängte aber auch in meinem Unbewussten lassen und als meinen Schattenanteil erleben. Das zeigt sich entweder als psychosomatische Störung, die ich als Magenbeschwerden erlebe oder als psychische Störung, die sich in diffusen Ängsten zeigt.

Die geschilderten Licht- und Schattenseiten dürfen aber nie gleichzeitig in mir wirken. Auch hier gilt es, dass ich nur verändern kann, was ich mir zuerst bewußt mache und dann als zu mir gehörig annehme. Dieses Annehmen ist aber nur möglich, wenn ich diese Eigenschaft nicht ablehne. Dann bin ich ganz bei mir und es wird mir möglich zur Gegeneigenschaft zu gelangen und diese wiederum voll zu akzeptieren. So kann ich meine innere Ruhe finden und meine Ganzheit erfahren. Wenn ich aber beide Gegeneigenschaften gleichzeitig in mir sein und wirken lasse, dann bin ich ein Zerrissener. Ich klage mich an wegen meiner Schattenseite und werde zugleich Opfer dieses inneren Kampfes, der nicht zu gewinnen ist. Und die Schuldgefühle halten dieses Geschehen wie eine Klammer zusammen.

Man kann aber nur verändern, was man auch als zu sich gehörig angenommen hat. Das Annehmen wird aber behindert, wenn Eltern oder Erzieher dies durch ihre Botschaften nicht zulassen wollen.

Folgendes Beispiel soll es verdeutlichen: Maria ist wieder einmal gekränkt, weil ihr Bruder eine für sie verletzende Bemerkung machte. Die Mutter hatte das beobachtet und sagt zu Maria: „Sei nicht so empfindlich! Reiss dich zusammen! Du bis eine Mimose!"

Die Folgen solch gut gemeinter Ratschläge wirken sich negativ aus. Maria wird ihre Kränkung unterdrücken und dann ins Unbewußte verdrängen. Von dort aus könnte es sich als Störung körperlich oder seelisch auswirken. Es kann aber auch sein, dass sich die Kränkung bei Maria durch die Äußerung der Mutter verfestigt und sie sich abwertet. Es tritt dann genau das Gegenteil von dem ein, was die Mutter beabsichtigt hatte.

Wenn die Mutter Maria dort abgeholt hätte, wo sie sich seelisch befand und gesagt hätte: „Maria, das tat aber weh! Dein Bruder hat mitten in deine wunde Stelle getroffen!" „Du bist eben kein grober Klotz, sondern eine sensible Persönlichkeit!" Dann hätte auch Maria ihre Verletzbarkeit sehen und annehmen dürfen. Sie wäre dann ganz bei sich gewesen und hätte wieder zu ihrer Selbstsicherheit gelangen können. An dieser Thematik können wir erkennen, dass manches gut Gemeinte böse Folgen zeitigt. In diesem Zusammenhang hat C.G. Jung zwei bemerkenswerte Sätze geschrieben: „Menschen, die nur das Gute leben wollen, werden neurotisch". Und: „Die Tugend ist für den Menschen gefährlicher als das Laster".

Das Anderssein von Bub und Mädchen

Im Mutterleib ist die Verschmolzenheit zwischen Kind und Mutter geschlechtsneutral. Nach der Geburt wird der Geschlechtsunterschied aber bedeutsam. Während die Tochter als Gleichgeschlechtliche wie die Mutter die Urbeziehung wie im Mutterleib fortsetzen und vertiefen kann, macht sich beim Sohn die Gegengeschlechtlichkeit bemerkbar. Die Urbeziehung muss wegen seiner Männlichkeit aufgegeben werden. Das Männliche wird als Trennung, Bewusstheit und Ich erfahren. Dabei werden Empfindungen der geschlechtlichen Differenzierung mit Sexuellem verwoben. Die Tochter erlebt eine verstärkte Erfahrung der Weiblichkeit. Der Sohn, der von der Mutter gestillt wird, erlebt dabei unbewusst die Übermächtigkeit des Weiblichen. Für den Sohn ist daher die Abgrenzung gegenüber dem Weiblichen wichtig. Die Tochter hingegen kann die Beziehung zur Mutter weiter vertiefen.
Wie zeigt sich das dann im Alltag bei Kindern? Schauen wir uns einmal an, wie Kinder spielen. Die Knaben spielen eher in Gruppen, zum Beispiel Fußball. Dafür sind Regeln wichtig und dazu kommt der Wettbewerb, der Konkurrenzkampf. Die menschliche Beziehung ist weniger bedeutend. Es zählt der Erfolg. Zusammenfassend kann man sagen, dass es beim Männlichen im Wesentlichen um ein Rechtsdenken als Moralersatz, um Wettbewerb und Leistungsstreben, sowie um die persönliche Abgrenzung geht.
Die Mädchen dagegen spielen meistens mit der „liebsten Freundin". Beim Spielen geht es nicht ums Gewinnen. Wenn das Spiel die Beziehung gefährdet, wird es lieber aufgegeben. Für das Weibliche ist die menschliche Beziehung am wichtigsten. Dem hat sich alles unterzuordnen.

Wir können diesen Unterschied der Geschlechter auch an Kleinigkeiten bemerken. Zum Beispiel beim Schuhbänderbinden: Das Mädchen will sich helfen lassen und lässt die Mutter die Bänder binden. Es erlebt das als Zuwendung und Liebe. Der Knabe dagegen will es gezeigt bekommen, um es dann selber zu können. Ihm geht es nicht um die Beziehung. Er will durch seine Leistung imponieren. Dieses Anderssein zeigt sich auch im unterschiedlichen Erleben, Denken und Verhalten.

Kinder immer dort abholen, wo sie seelisch stehen

Wenn ich ein Kind aufsuche, wo es seelisch steht, dann kann ich es dort abholen und weiter begleiten. Das soll uns ein alltägliches Beispiel näher illustrieren. Einem Mädchen geht die Puppe kaputt und es weint deswegen. Wenn die Mutter sagt: „Weine doch nicht! Ich richte dir die Puppe wieder her," dann hat sie die Tochter nicht dort abgeholt, wo sie seelisch war und sie bleibt in ihrem Schmerz allein.

Für die Tochter ist es wichtig, dass die Mutter sie bei ihrem Schmerz abholt und vielleicht sagt: „ Du hast mit dieser Puppe immer so lieb gespielt. Sie ist dir ans Herz gewachsen. Da kann ich deinen Schmerz gut verstehen". Nach so einer einfühlsamen Anrede kann die Tochter die Mutter bitten, dass sie ihr die Puppe wieder richtet. Und der Schmerz ist weg.

Kinder dürfen auch das ihre tun

Wir Eltern neigen dazu, uns Vorstellungen zu machen, was für unser Kind gerade das Beste sei. Dabei sind wir aber meist ganz bei uns und bedenken nicht, dass Kinder auch ihre eigenen Gefühle leben wollen. An zwei praktischen Beispielen wird dies verständlich.
Anneliese ist ein sehr sensibles Kind und macht sich über alles zu viele Gedanken. Sie muss deshalb innere Leiden und Kämpfe durch-

stehen. Die Mutter bemerkt das und will ihr helfen, dass sie auf andere Gedanken kommt.
Hans geht zu einer Gruppe spielender Kinder und schaut ihnen zu. Seine Mutter meint, er müsse auch mitspielen und animiert ihn dazu. Hans erlebt das Zuschauen aber so, als würde er ohnedies mitmachen.
In beiden Fällen geht die Mutter nur von ihren Vorstellungen aus, was für ein Kind das Beste sei.

Unterschiedliche Sichtweisen

Klein Albert fragte seine Mutter, ob man Schweine schlachten dürfe. Mama sagte ihm, dass auch Schweine gerne leben und der Mensch nicht das Recht habe, sie zu töten. Klein-Albert erlebte aber schon bei den Großeltern, die einen Bauernhof besitzen, wie ein Schwein geschlachtet wurde. Dabei ging es aber gar nicht traurig zu. Und da Albert die Großeltern sehr mag, kann er nicht glauben, dass Sie etwas Unrechtes tun. Derart verunsichert fragte Albert den Vater, ob man Schweine töten dürfe. Dieser sagte ihm, dass Schweine deshalb gefüttert und aufgezogen werden, dass man sie später schlachten und verspeisen kann. Albert war nun in einem Dilemma. Hat die Mutter recht? Dürfen die Großeltern Schweine töten? Oder hat der Vater das Richtige gesagt? Diese Situation kann man Klein-Albert am besten mittels eines Erklärungsspiels verdeutlichen. Der Vater, die Mutter und Albert setzen sich rund um den Tisch. Der Vater stellt dann einen Gegenstand, der unterschiedliche Seitenansichten hat, in die Mitte auf den Tisch. Nun sagt ein jeder, was er von dem Gegenstand sieht.
Bei diesem „Spiel" ist es aber auch für die Eltern wichtig zu beachten, dass sie dem Kind bei der Antwort vermitteln, dass sie ihre persönliche Sicht darlegen . Dem Kind sollte daher nicht gesagt werden, das ist so, sondern aus meiner Sicht als Frau mit meinen

Erfahrungen sehe ich das so. Wenn sich der andere Elternteil ebenso verhält, dann kann eine anderslautende Antwort durch das Kind angenommen werden. Das Kind erlebt, dass es verschiedene Sichtweisen gibt und dass es auch eine eigene haben darf.

Vom guten Helfen wenn Kinder auch schon älter werden

Eines Tages kam ein Ehepaar in die Beratung. Sie waren ziemlich bedrückt. Die Frau fing gleich zu reden an und sagte: „Wir haben ein Problem. Unsere Tochter Iris studiert in Wien. Sie hat nun schon zum wiederholten Male ihr Konto so hoch überzogen, dass ihr die Bank kein Geld mehr auszahlt. Da sie auch mit der Bezahlung der Miete im Rückstand war, drohte ihr die Kündigung.“ In ihrer Not rief Iris die Eltern an und klagte ihnen ihr Leid. Der Ehemann schaltete sich nun auch ein und sagte: „Wir werden nun die Schulden begleichen und ihr ein für alle Male sagen, dass es das letzte Mal war.“

Was war bei diesen durchaus gebildeten Eltern geschehen? Irgendwie ist das Bild der kleinen Iris unbewusst aktiviert worden. Wie haben sie ihr immer geholfen? Iris ist aber inzwischen 24 Jahre alt geworden! Meine erste Frage an das bekümmerte Ehepaar war: „Wer hat das Problem? Sie oder die Iris?“ „Natürlich die Iris,“ meinte die Mutter. Durch diese Einsicht war das Ehepaar erleichtert, dass es eigentlich nicht ihr Problem war. Es ging im weiteren Beratungsgespräch dann darum, wie die Eltern Iris am besten helfen können.

Der Berater muss nun ebenfalls darauf achten, dass er den Eltern nicht die Entscheidung abnimmt, sondern ihnen nur rät, damit sie sich selbst am besten helfen können. Nur so vermögen sie Iris wirklich Hilfe zu geben. Das Ehepaar berichtete später, dass sie die Tochter anriefen und ihr vermittelten, dass diese Schulden ihr Problem seien und sie sich überlegen soll, wie sie das wieder ins rechte Lot bringen wolle. Sie als Eltern wollen ihr dabei helfen, wenn sie eine Lösung wisse. Iris schlug nach einigen Tagen den Eltern einen Vorschuss auf deren monatliche Zahlungen vor. Die Eltern akzeptierten diese Lösung und verminderten anschließend die monatlichen Überweisungen entsprechend, bis die Vorschusszahlung getilgt war.

Bedeutende Entwicklungsphasen in der Kindheit

Ergänzend zum Riemannschen Modell, das bereits bei der Persönlichkeitsentfaltung behandelt wurde, ist die Darstellung der Kindheitsentwicklung von Erik Erikson Grundlage der weiteren Ausführungen.

Urvertrauen oder Urmisstrauen

Das Urvertrauen ist der Eckstein einer gesunden Persönlichkeit. Vertrauen zeigt sich im Gefühl des Sich-Verlassen-Dürfens und bezieht sich auf die Glaub- und Vertrauenswürdigkeit anderer. Es wirkt aber auch auf die eigene Zuverlässigkeit zurück. Das Kind gewinnt dieses Vertrauen schon vor der Geburt in der Geborgenheit des mütterlichen Schoßes. Nach der Geburt bis zum zweiten Lebensjahr ist es sehr prägend, wie verlässlich das Kind seine unmittelbaren Bezugspersonen erlebt. Dabei ist zu beachten, dass ein Kleinkind die Zeit als um ein Vielfaches länger dauernd wahrnimmt. Nach der Geburt ist für das Kind der Augenblick wie eine „Ewigkeit". Wenn das Kind schreit und es kommt längere Zeit niemand, dann erlebt das Baby die Eltern als unverlässlich. In der frühesten Kindheit entstehen hier Existenz- und Todesängste. Wenn sich solche Erlebnisse öfter wiederholen, dann werden diese Ängste zur inneren Haltung des Urmisstrauens. Es ist vor allem in der Nacht darauf zu achten, dass bei Abwesenheit der Eltern immer ein Babysitter in der Wohnung anwesend ist. Wenn zum Beispiel die Nachbarin das Kind überwacht und nur fallweise nachschaut, dann kann

es vorkommen, dass das Kind aufwacht und nach jemandem schreit. Da es keiner hört, kann das Kind vielleicht schreien bis es wieder einschläft. Wenn dann die Nachbarin nachschaut, sieht sie das Kind schlafen und meint, dass alles in bester Ordnung sei.
Kinder entwickeln aber ein Urvertrauen, wenn die unmittelbaren Bezugspersonen als verlässlich erlebt werden. Sind die Erzieher des Kindes unverlässlich, so entsteht das Urmisstrauen. Diese innere Prägung begleitet einen Menschen ein Leben lang, wenn sie nicht bedeutsame Einflüsse verändern. Verstärkt wird diese seelische Einstellung dadurch, dass man sich diese Sichtweise bei einer Enttäuschung immer wieder bestätigen lässt. Die Wahrnehmung wird nämlich durch die voreingenommene innere Haltung beeinflusst.

Autonomie oder Geltungsscham und Zweifel
Autonomie bezeichnet das Gefühl der Selbständigkeit im Sinne relativer Unabhängigkeit von der Mit- und Umwelt. Der Begriff Autonomie bezieht sich aber auch auf die Beherrschung seiner selbst, seiner Triebimpulse und Gefühle. Das Kind im dritten und vierten Lebensjahr will selbst etwas tun und damit auch zeigen, was es schon alles kann. Es sagt dann: „Alleine!“ oder „Ich kann es selber tun!“ Mit jeder selbständigen Tätigkeit wächst die Autonomie des Kindes.
Das Kind spricht nicht mehr in der dritten Person von sich, sondern es sagt: „Ich“ und „mein“ gegenüber einem „Du“. Nun kommt es darauf an, dass die erwachsenen Bezugspersonen dieses Selbständigwerden zulassen und in rechter Weise fördern. Die Eltern müssen das Kind unterstützen, dass es lernt „auf eigenen Füßen zu stehen“. Dafür brauchen die Eltern Zeit und viel Geduld. Gerade in dieser Zeit ist für das Kind die Beachtung und die Anerkennung sehr wichtig. Wenn Selbständigkeit aber nicht zugelassen wird und

die Autonomieversuche ständig bemängelt werden, dann zweifelt das Kind an seinen Fähigkeiten. Es fühlt sich wertlos und schämt sich seiner selbst.

Initiative gegen Schuldgefühle

Initiative ist die Fähigkeit, sich selbständig Ziele auszuwählen und sie ausdauernd zu verfolgen, wodurch die eigene Person ihre Gestalt gewinnt. Lenker dieser Initiative ist das Gewissen. Das Kind kann sich im Alter von ca. fünf Jahren bereits für Gedanken und Taten schuldig fühlen, auch wenn diese niemand erfahren oder gesehen hat. Für die Erhaltung der seelischen Gesundheit und für das Werden eines festen Selbst ist es entscheidend, dass das Gewissen nicht verbildet wird. Das geschieht aber, wenn sich das Kind zu oft mit der Abschnürung seiner Triebe durch Verbote abfinden muss. Es entstehen unnötige Schuldgefühle in Bezug auf seine Zielsetzungen und Unternehmungen. Um diese Schuldgefühle zu vermeiden, werden die Initiativen eingestellt. Das kommt vor allem bei Kindern vor, nach denen sehr bald ein weiteres Kind geboren wird. Die Mütter sind oft überfordert und wollen nur, dass das ältere Kind keine zusätzliche Belastung bedeutet. So ein in seiner Initiative gebremstes Kind wird später oft sagen: „Mir ist so fad!" „Was soll ich denn tun?" Dass so eine Haltung auch ins Erwachsenenalter mitgenommen wird, zeigt das Beispiel einer jungen Frau. Sie erzählte, dass sie im Keller eine komplette Töpferausrüstung habe. Auch der richtige Ton steht ihr zur Verfügung. Sie könne sich aber nicht aufraffen zu töpfern.

Werksinn gegen Minderwertigkeitsgefühl.

Vertrauen, Selbständigkeit und Initiative sind am Werksinn beteiligt. Mit diesem Wort ist das Bedürfnis gemeint, mit anhaltender

Aufmerksamkeit und ausdauerndem Fleiß etwas Konstruktives und Nützliches zu leisten. Dieser Werksinn sollte bei Kindern um die Zeit des Schuleintritts einigermaßen entwickelt sein. Die Kinder wollen zwar auch noch gerne in ihrer Spielwelt verweilen, aber es wird auch der Wunsch, etwas Wertvolles zu leisten, immer stärker. Das Kind merkt, dass die Initiative alleine nicht genügt. Es ist bereit, sich den Gesetzen der schulischen Lernwelt anzupassen und den weiten Weg zu einem fernliegenden Ziel auf sich zu nehmen. Das Kind erfährt den Sinn von Zusammenarbeit und Arbeitsteilung. Die Gefahr in dieser Phase liegt in der Entstehung von Gefühlen der Unzulänglichkeit und Minderwertigkeit. Möglicherweise konnte es die vorausgehenden Entwicklungsphasen nicht ausreichend befriedigend gestalten und ist deshalb durch eine innere Unsicherheit in seinem gezielten Tätigkeits- und Lerndrang behindert. Oder es wird von außen her durch übermäßige Erwartungen der Eltern oder durch schulische Ansprüche, die seiner Begabung nicht entsprechen, überfordert. Ein Minderwertigkeitsgefühl ist dann die Folge des erlebten Versagens.

Identität gegen Verschwommenheit und Identitätsdiffusion

Der junge Mensch - so um die Zeit der Pubertät - weiß noch nicht genau, wer er ist. Er ist auf der Suche nach seiner Identität. Er möchte die Übereinstimmung mit sich selbst und die Anerkennung durch die Umwelt erreichen. Das Ergebnis sollte ein positives Selbstgefühl sein. Dieses beruht auf der Überzeugung, auf eine sinnvolle Zukunft zu achten und sich zu einer bestimmten Persönlichkeit innerhalb der menschlichen Gesellschaft zu entwickeln. Zunächst ist dieses tragende Selbstgefühl noch nicht da. Es herrscht vielmehr eine ausgesprochene Unsicherheit wegen der noch unklaren, verschwommenen Gestalt des zukünftigen Lebens.

An einer Wand in einer Cowboy-Bar im Westen Amerikas hat Erikson einen Spruch entdeckt, der die Situation der jungen Menschen gut skizziert: „Ich bin nicht, was ich sein sollte, ich bin nicht, was ich sein werde, aber ich bin nicht mehr, was ich war.“

Aus dieser Identitätsunsicherheit kann eine regelrechte „Identitätsdiffusion“ werden. Die Eltern sind hier gefordert, durch ihr eigenes, orientiertes Leben dem heranwachsendem Jugendlichen nonverbal Hilfe zu geben. In den Gesprächen will der Pubertierende durch seinen Widerspruch das Gegenüber erreichen. Hier sind aber keine Ratschläge gefragt, sondern klare Aussagen vom eigenen Leben.

Bilder zu Lebensproblemen

Das vierte Lebensjahr

In einer Gruppensitzung wurden die Teilnehmerrinnen entsprechend vorbereitet, sich mit geschlossenen Augen langsam in die Zeit zurück zu versetzen, als sie vier Jahre alt waren. Sie sollten sich als Kind an irgend einem Ort sehen. Nach diesem Erlebnis konnten sie die Augen wieder öffnen. Als alle so weit waren, bekamen sie die Aufgabe, das Gesehene möglichst schnell aus dem „ Bauch heraus" zu malen. Zeichenblätter und Malstifte lagen bereit.
Unter den Teilnehmerrinnen waren auch zwei Schwestern - Nora und Anna. Anna holte sich schnell Farbstifte und Papier und setzte sich auf einen Platz neben ihrer Freundin. Nora wollte aber auch die Stifte. Sehr bestimmt verlangte sie von der jüngeren Anna die Farbstifte, weil sie damit besser zu malen glaubte. Anna war gekränkt, doch gab sie die Farbstifte tatsächlich ihrer älteren Schwester. Dieser Zwischenfall, weist darauf hin, dass hier nicht nur das Bild der Vierjährigen gemalt wird. Es wurde hier eine Familiensituation, wie sie in dieser Zeit oft erlebt wurde, wiederholt.
Betrachten Sie nun die beiden Zeichnungen. Noras Zeichnung (siehe Abbildung 10):
Nora ist braun - alle anderen sind schwarz gemalt. Sie war ganz auf die betriebsamen Eltern konzentriert. Die beiden Schwestern sind später als Störenfriede dazugekommen. Nora sagte dazu: „Als ich mit den Eltern noch alleine war, ging es mir gut. Alles drehte sich um mich. Auch richteten sich die Eltern ganz nach mir.

Abbildung 10

Als dann die von der Mutter nicht mehr gewünschte Schwester kam, war die Mutter heillos überfordert. Seit dieser Schwangerschaft war es in der Familie nicht mehr schön. Ich wollte mich an der Schwester rächen und zugleich hatte ich große Schuldgefühle.

Annas Bild (Abbildung 11): Sie ist mit ihrer Schwester Lena in der Gehschule. „Der dunkle Schatten ähnelt einem Krampus. Nur wenn er sich vorbeugte, war er ein Nikolaus. Die Sprossen der Gehschule waren mein Schutz. Der Schatten konnte mich nicht erreichen", erklärte Anna. „Nora diktierte alles. Selbst die Eltern gehorchten ihr. Als ich der Mutter einmal mein Leid klagte, ignorierte sie mich. Ich konnte mir nirgends Hilfe holen. So gab ich immer nach, obwohl es in mir kochte."

Abbildung 11

Bilder aus Märchen zeigen aktuelle Lebensprobleme auf

Im Folgenden werden nun Bilder vorgestellt, die von Gruppenteilnehmern gezeichnet oder gemalt wurden. Die Vorgehensweise war immer dieselbe. Zuerst wurde das Märchen vorgelesen. Dann ließen die Zuhörer mit geschlossenen Augen ein Vorstellungsbild aus dem gehörten Märchen kommen. Dieses zeichneten sie dann möglichst schnell und aus dem „Bauch" heraus. Die Bilder wurden dann in der Reihenfolge des zeitlichen Ablaufs des Märchen geordnet und einzeln bearbeitet.
Auch die „Deutungsarbeit" verlief immer gleich. Die Zeichnung wurde aufgelegt und von allen betrachtet. Es ging darum, welche Wirkung von dem jeweiligen Bild auf die einzelnen Teilnehmer ausging. Dafür wurde genügend Zeit eingeräumt. Dann wurde darüber gesprochen. Erst dann erzählte der Zeichner oder die Zeichnerin, welches Vorstellungsbild gekommen war und wo er oder sie sich im Bild wiederfindet. In der weiteren Gruppenarbeit ging es zuerst um die Gesamtwahrnehmung und dann um die Einzelheiten. Zum Schluss fasste ich diese Deutungsversuche meistens zusammen und ergänzte die Deutung der Gruppe. Erst dann äußerte sich der Zeichner, wie es ihm bei der Deutung erging. Dabei wurde immer wieder darauf hingewiesen, dass die Deutung nur eine Hilfe für den Betroffenen sei, um das Bild für sich selber auslegen zu können. Ergänzt und verstärkt kann die Bilddeutung durch eine Aufstellung des Bildes mit Personen werden. Davon wird später noch die Rede sein.
Jetzt sind Sie eingeladen - wie am Beginn des Buches empfohlen - die folgenden Märchen zu lesen und die Szene zu zeichnen, bei der Sie „hängen" geblieben sind.

Die gedeuteten Bilder zu den Märchen sollen für Sie eine Hilfe sein.

Der Froschkönig

Aus der Sammlung der Gebrüder Grimm.

In den alten Zeiten, wo das Wünschen noch geholfen hat, lebte ein König, dessen Töchter waren alle schön; aber die jüngste war so schön, dass die Sonne selber, die doch so vieles gesehen hat, sich verwunderte, sooft sie ihr ins Gesicht schien. Nahe bei dem Schlosse des Königs lag ein großer dunkler Wald, und in dem Wald unter einer alten Linde war ein Brunnen: wenn nun der Tag recht heiß war, so ging das Königskind hinaus in den Wald und setzte sich an den Rand des kühlen Brunnens: und wenn sie Langeweile hatte, so nahm sie eine goldene Kugel, warf sie in die Höhe und fing sie wieder; und das war ihr liebstes Spielwerk.

Nun trug es sich einmal zu, dass die goldene Kugel der Königstochter nicht in ihr Händchen fiel, das sie in die Höhe gehalten hatte, sondern vorbei auf die Erde schlug und geradezu ins Wasser hineinrollte. Die Königstochter folgte ihr mit den Augen nach, aber die Kugel verschwand, und der Brunnen war tief, so tief, dass man keinen Grund sah. Da fing sie an zu weinen und weinte immer lauter und konnte sich gar nicht trösten. Und wie sie so klagte, rief ihr jemand zu: „Was hast du vor, Königstochter? Du schreist ja, dass sich ein Stein erbarmen möchte." Sie sah sich um, woher die Stimme käme, da erblickte sie einen Frosch, der seinen dicken, hässlichen Kopf aus dem Wasser streckte. „Ach, du bist's, alter Wasserpatscher" sagte sie, „ich weine über meine goldene Kugel, die mir in den Brunnen hinabgefallen ist." - „Sei still und weine nicht", antwortete der Frosch, „ich kann wohl Rat schaffen, aber was gibst du mir, wenn ich dein Spielwerk wieder herauf hole?" - „Was du haben willst, lieber Frosch,," sagte sie, „meine Kleider, meine Perlen und Edelsteine, auch noch die goldene Krone, die ich trage." Der Frosch antwortete: „Deine Kleider, deine Perlen und

Edelsteine und deine goldene Krone, die mag ich nicht: aber wenn du mich lieb haben willst und ich soll dein Geselle und Spielkamerad sein, an deinem Tischlein neben dir sitzen, von deinem goldenen Tellerlein essen, aus deinem Becherlein trinken, in deinem Bettlein schlafen: wenn du mir das versprichst, so will ich hinuntersteigen und dir die goldene Kugel wieder herauf holen." - „Ach ja," sagte sie, „ich verspreche dir alles, was du willst, wenn du mir nur die Kugel wieder bringst." Sie dachte aber: Was der einfältige Frosch schwätzt, der sitzt im Wasser bei seinesgleichen und quakt und kann keines Menschen Geselle sein.

Der Frosch, als er die Zusage erhalten hatte, tauchte seinen Kopf unter, sank hinab, und über ein Weilchen kam er wieder herauf gerudert, hatte die Kugel im Maul und warf sie ins Gras. Die Königstochter war voll Freude, als sie ihr schönes Spielwerk wieder erblickte, hob es auf und sprang damit fort. „Warte, warte," rief der Frosch, „nimm mich mit, ich kann nicht so laufen wie du." Aber was half es ihm, dass er ihr sein „quak, quak" so laut nachschrie, als er konnte! Sie hörte nicht darauf, eilte nach Hause und hatte bald den armen Frosch vergessen, der wieder in seinen Brunnen hinabsteigen musste.

Am anderen Tage, als sie mit dem König und allen Hofleuten sich zur Tafel gesetzt hatte und von ihrem goldenen Tellerlein aß, da kam - plitsch platsch - etwas die Marmortreppe heraufgekrochen, und als es oben angelangt war, klopfte es an der Tür und rief: „Königstochter, jüngste, mach mir auf." Sie lief und wollte sehen, wer draußen wäre, als sie aber aufmachte, so saß der Frosch davor. Da warf sie die Tür hastig zu, setzte sich wieder an den Tisch, und es war ihr ganz angst. Der König sah wohl, dass ihr das Herz gewaltig klopfte, und sprach: „Mein Kind, was fürchtest du dich, steht etwa ein Riese vor der Tür und will dich holen?" - „Ach nein," antwortete sie, „es ist kein Riese, sondern ein garstiger Frosch" .- „Was will der

Frosch von dir?" - „Ach lieber Vater, als ich gestern im Wald bei dem Brunnen saß und spielte, da fiel meine goldene Kugel ins Wasser. und weil ich so weinte, hat sie der Frosch wieder heraufgeholt, und weil er es durchaus verlangte, so versprach ich ihm, er soll mein Geselle werden; ich dachte aber nimmermehr, dass er aus seinem Wasser heraus könnte. Nun ist er draußen und will zu mir herein." Indem klopfte es zum zweitenmal und rief:

„Königstochter, jüngste,
Mach mir auf,
Weißt du nicht, was gestern
Du zu mir gesagt
Bei dem kühlen Brunnenwasser?
Königstochter, jüngste,
Mach mir auf."

Da sagte der König: „Was du versprochen hast, das musst du auch halten; geh nur und mach ihm auf." Sie ging und öffnete die Türe, da hüpfte der Frosch herein, ihr immer auf dem Fuße nach, bis zu ihrem Stuhl. Da saß er und rief: „Heb mich herauf zu dir." Sie zauderte, bis es endlich der König befahl. Als der Frosch erst auf dem Stuhl war, wollte er auf den Tisch, und als er da saß, sprach er: „Nun schieb mir dein goldenes Tellerlein näher, damit wir zusammen essen." Das tat sie zwar, aber man sah wohl, dass sie es nicht gerne tat. Der Frosch ließ sich's gut schmecken, aber ihr blieb fast jedes Bisslein im Halse. Endlich sprach er: „Ich habe mich sattgegessen und bin müde; nun trag mich in dein Kämmerlein und mach dein seiden Bettlein zurecht, da wollen wir uns schlafen legen." Die °Königstochter fing an zu weinen und fürchtete sich vor dem kalten Frosch, den sie sich nicht anzurühren getraute, und der nun in ihrem schönen reinen Bettlein schlafen sollte. Der König aber ward zornig und sprach: „Wer dir geholfen hat, als du in Not warst, den sollst du hernach nicht verachten." Da packte sie den Frosch mit zwei Fingern, trug ihn hinauf und setzte ihn in eine Ecke. Als sie aber im Bett lag, kam er gekrochen und sprach: „Ich bin müde, ich will schlafen so gut wie du: heb mich herauf, oder ich sag's deinem Vater." Da ward sie erst bitterböse, holte ihn herauf und warf ihn aus allen Kräften wider die Wand. „Nun wirst du Ruhe haben, du garstiger Frosch."

Als er aber herabfiel, war er kein Frosch, sondern ein Königssohn mit schönen und freundlichen Augen. Der war nun nach ihres Vaters Willen ihr lieber Geselle und Gemahl. Da erzählte er ihr, er wäre von einer bösen Hexe verwünscht worden, und niemand hätte ihn aus dem Brunnen erlösen können als sie allein, und morgen wollten sie zusammen in sein Reich gehen. Dann schliefen sie ein, und am anderen Morgen, als die Sonne sie aufweckte, kam ein Wagen herangefahren, mit acht weißen Pferden bespannt, die hatten weiße Straußfedern auf dem Kopf und gingen in goldenen Ketten, und hinten stand der Diener des jungen Königs, das war der treue Heinrich. Der treue Heinrich hatte sich so betrübt, als sein Herr war in einen Frosch verwandelt worden, dass er drei eiserne Bande hatte um sein Herz legen lassen, damit es ihm nicht vor Weh und Traurigkeit zerspränge. Der Wagen aber sollte den jungen König in sein Reich abholen; der treue Heinrich hob beide hinein, stellte sich wieder hinten auf und war voller Freude über die Erlösung. Und als sie ein Stück Wegs gefahren waren, hörte der Königssohn, dass es hinter ihm krachte, als wäre etwas zerbrochen. Da drehte er sich um und rief.

„Heinrich, der Wagen bricht."

„Nein, Herr, der Wagen nicht,
Es ist ein Band von meinem Herzen,
Das da lag in großen Schmerzen,
Als Ihr in den Brunnen saßt,
Als Ihr eine Fretsche warst."

Noch einmal und noch einmal krachte es auf dem Weg, und der Königssohn meinte immer, der Wagen bräche, und es waren doch nur die Bande, die vom Herzen des treuen Heinrich absprangen, weil sein Herr erlöst und glücklich war.

Bilder zum Märchen „Der Froschkönig"

1. Die Kugel im Brunnen (Abbildung 12)

Ria, erstes von drei Mädchen, Studentin, 23 Jahre alt, lebt alleine, obwohl sie schon viele Freunde hatte; ihre Erwartungen wurden aber nie erfüllt. Sie möchte sich weitere Enttäuschungen ersparen.

Der Gesamteindruck der Gruppe war, dass das tiefe Loch des Brunnens das Bild beherrscht. Die goldene Kugel am Boden fällt kaum auf. Auffallend hingegen ist der gelbe Himmel und die Regentropfen, die wie Tränen aussehen. Die Zeichnerin sagte, dass für sie im Vorstellungsbild nur das dunkle Brunnenloch, das sie ängstigte, und die unbedeutende goldene Kugel im Mittelpunkt stünden. Alles Weitere entstand irgendwie dazu. Beim Vorstellungsbild fühlte sie auch etwas wie Hoffnungslosigkeit.

Abbildung 12

Zusammenfassende Deutung: Das Hochformat des Bildes zeigt eher eine Situation auf. Es geht also weniger um einen zeitlichen Ablauf. Das Zentrale ist der tiefe Brunnen, der außen noch zusätzlich mit einem Gitter umgeben ist. Dieses Muttersymbol wirkt so stark vereinnahmend, dass hier Hilfe von außen notwendig erscheint. Das dunkle Loch des Brunnens und das dabei von Ria verspürte ungute Gefühl zeigen sehr deutlich, dass sie die vereinnahmende Nähe der Mutter als bedrückend erlebte.

Das Gelb des Himmels als Symbol der Weite stellt ein Gegenstück zur Enge des Brunnens dar. Die Tränen als Regentropfen könnten als Aussichtslosigkeit, als das vergebliche Bemühen, frei zu werden, gedeutet werden. Die goldene Kugel als Symbol des Selbst scheint unbedeutend. Die Mutter ließ die Selbstentfaltung ihrer Tochter nicht zu, da sie diese als Trennung erlebt hätte. Ria konnte diese Deutung voll akzeptieren. Ergänzend sagte sie, dass sich ihre Mutter am liebsten vom Vater getrennt hätte, aber schaffte das nicht. Auch Ria war für die Mutter eine Belastung. Sie hätte auch Ria abtreiben wollen; doch auch dies vermochte sie nicht. Die Mutter vermittelte ihrer Tochter, dass das Leben eine fast nicht zu ertragende Last sei.

2. Das verschlossene Herz (Abbildung 13)

Alois, ist ein Erstgeborener mit zwei jüngeren Schwestern, 27 Jahre alt, Krankenpfleger, seine Mutter ist früh verstorben, der Vater zog die Kinder alleine auf.

Die Gesamtwahrnehmung der Gruppe war: Die Burg stand als Gegensatz zum Herzen. Bei der Burg fiel auf, dass sie hell und der sie umgebende Himmel sehr dunkel war. Rechts beim Herzen fehlt etwas. Es steht ganz alleine.

Alois sah in seinem Vorstellungsbild die Burg und das Herz gleichzeitig. Er wollte sich zuerst nur für ein Bild entscheiden. Es ging aber nicht.

Die Gruppe wusste zum Bild keine Deutung. Trotz längerem Zuwarten kam nichts.
Dann wiederholte ich, dass es sich beim Längsformat des Blattes eher um einen zeitlichen Ablauf handle. Links im Bild ist die Vergangenheit und rechts geht es in die Zukunft. Das Blatt selbst kann man in vier Viertel einteilen. Links unten findet sich das kollektive Unbewusste, hier beginnt gewissermaßen mein Leben. Rechts oben ist das kollektive Bewusste, also der gesellschaftliche Bereich. Rechts unten ist der mütterliche, mehr ruhende, erdverbundene Bereich. Links oben ist der väterliche, geistige und religiöse Bereich. Von der Gruppe kam dann sofort, dass im väterlichen Bereich die Burg das ganze Bild dominiert. Die Mutter war ausgefallen. Der Vater, dargestellt durch die Burg, erzog Alois so, dass sein Herz, seine Gefühle verkümmerten. Der dunkle Himmel über der Burg könnte ein Hinweis auf die Gedanken sein, die den Vater bewegten. Sie sind düster und durcheinander, was auch auf eine Überforderung hindeuten könnte. Alois sagte, dass dem Vater seine Religion über alles ginge. Sein Leben sähe er als Opfer. Dazu käme ein übertriebenes Sicherheitsdenken. Nur nichts riskieren. Er sprach oft von Fröhlichkeit, lebe aber selbst ein trauriges Leben, in dem nur die Ordnung und die Gebote zählten. Der Vater sagte auch oft, dass die Mutter vom Himmel aus alles sehe und sie beschützen würde. Alois meinte abschließend, dass er diese so ausschließlich väterliche Welt verlassen müsse.

Abbildung 13

Hänsel und Gretel

Aus der Sammlung der Gebrüder Grimm.

Vor einem großen Walde wohnte ein armer Holzhacker mit seiner Frau und seinen zwei Kindern; das Bübchen hieß Hänsel und das Mädchen Gretel. Er hatte wenig zu beißen und zu brechen, und einmal, als große Teuerung ins Land kam, konnte er auch das tägliche Brot nicht mehr schaffen. Wie er sich nun abends im Bette Gedanken machte und sich vor Sorgen herumwälzte, seufzte er und sprach zu seiner Frau: „Was soll aus uns werden? Wie können wir unsere armen Kinder ernähren, da wir für uns selbst nichts mehr haben?" - „Weißt du was, Mann", antwortete die Frau. „Wir wollen morgen in aller Frühe die Kinder hinaus in den Wald führen, wo er am dicksten ist: da machen wir ihnen ein Feuer an und geben jedem noch ein Stück Brot, dann gehen wir an unsere Arbeit und lassen sie alleine. Sie finden den Weg nicht wieder nach Haus, und wir sind sie los."- „Nein, Frau", sagte der Mann, „das tue ich nicht; wie sollt ich's übers Herz bringen, meine Kinder im Wald allein zu lassen; die wilden Tiere würden bald kommen und sie zerreißen." - „O du Narr", sagte sie, „dann müssen wir alle viere Hungers sterben, du kannst nur die Bretter für die Särge hobeln", und ließ ihm keine Ruhe, bis er einwilligte. „Aber die armen Kinder dauern mich doch", sagte der Mann.

Die zwei Kinder hatten vor Hunger auch nicht einschlafen können und hatten gehört, was die Stiefmutter zum Vater gesagt hatte. Gretel weinte bittere Tränen und sprach zu Hänsel: „Nun ist's um uns geschehen." „Still, Gretel", sprach Hänsel, „gräm dich nicht, ich will uns schon helfen." Und als die Alten eingeschlafen waren, stand er auf, zog sein Röcklein an, machte die Untertüre auf und schlich sich hinaus. Da schien der Mond ganz helle, und die weißen Kieselsteine, die vor dem Haus lagen, glänzten wie lauter Batzen. Hän-

sel bückte sich und steckte so viel in sein Rocktäschlein, als nur hinein wollten. Dann ging er wieder zurück, sprach zu Gretel: „Sei getrost, liebes Schwesterchen, und schlaf nur ruhig ein, Gott wird uns nicht verlassen“, und legte sich wieder in sein Bett.
Als der Tag anbrach, noch ehe die Sonne aufgegangen war, kam schon die Frau und weckte die Kinder: „Steht auf, ihr Faulenzer, wir wollen in den Wald gehen und Holz holen.“ Dann gab sie jedem ein Stückchen Brot und sprach: „Da habt ihr etwas für den Mittag, aber esst's nicht vorher auf, weiter kriegt ihr nichts.“ Gretel nahm das Brot unter die Schürze, weil Hänsel die Steine in der Tasche hatte. Danach machten sie sich alle zusammen auf den Weg nach dem Wald. Als sie ein Weilchen gegangen waren, stand Hänsel still und guckte nach dem Haus zurück und tat das wieder und immer wieder. Der Vater sprach: „Hänsel, was guckst du da und bleibst zurück, hab acht und vergiss deine Beine nicht.“ - „Ach, Vater“, sagte Hänsel, „ich sehe nach meinem weißen Kätzchen, das sitzt oben auf dem Dach und will mir ade sagen.“ Die Frau sprach: „Narr, das ist dein Kätzchen nicht, das ist die Morgensonne, die auf den Schornstein scheint.“ Hänsel aber hatte nicht nach dem Kätzchen gesehen, sondern immer einen von den blanken Kieselsteinen aus seiner Tasche auf den Weg geworfen.
Als sie mitten in den Wald gekommen waren, sprach der Vater: „Nun sammelt Holz, ihr Kinder, ich will ein Feuer machen, damit ihr nicht friert.“ Hänsel und Gretel trugen Reisig zusammen, einen kleinen Berg hoch. Das Reisig wurde angezündet, und als die Flamme recht hoch brannte, sagte die Frau: „Nun legt euch ans Feuer, ihr Kinder, und ruht euch aus, wir gehen in den Wald und hauen Holz. Wenn wir fertig sind, kommen wir wieder und holen euch ab.“
Hänsel und Gretel saßen am Feuer, und als der Mittag kam, aß jedes sein Stücklein Brot. Und weil sie die Schläge der Holzaxt hörten, so glaubten sie, ihr Vater wäre in der Nähe. Es war aber nicht

die Holzaxt, es war ein Ast, den er an einen dürren Baum gebunden hatte und den der Wind hin und her schlug. Und als sie so lange gesessen hatten, fielen ihnen die Augen vor Müdigkeit zu, und sie schliefen fest ein. Als sie endlich erwachten, war es schon finstere Nacht. Gretel fing an zu weinen und sprach: „Wie sollen wir nun aus dem Wald kommen?“ Hänsel aber tröstete sie: „Wart nur ein Weilchen, bis der Mond aufgegangen ist, dann wollen wir den Weg schon finden.“ Und als der volle Mond aufgestiegen war, so nahm Hänsel sein Schwesterchen an der Hand, ging den Kieselsteinen nach, die schimmerten wie neugeschlagene Batzen und zeigten ihnen den Weg. Sie gingen die ganze Nacht hindurch und kamen bei anbrechendem Tag wieder zu ihres Vaters Haus. Sie klopften an die Tür, und als die Frau aufmachte und sah, dass es Hänsel und Gretel war, sprach sie: „Ihr bösen Kinder, was habt ihr so lange im Wald geschlafen? Wir haben geglaubt, ihr wollt gar nicht wiederkommen.“ Der Vater aber freute sich, denn es war ihm zu Herzen gegangen, dass er sie so allein zurückgelassen hatte.

Nicht lange danach war wieder Not in allen Ecken, und die Kinder hörten, wie die Mutter nachts im Bette zu Vater sprach: „Alles ist wieder aufgezehrt, wir haben noch einen halben Laib Brot, hernach hat das Lied ein Ende. Die Kinder müssen fort, wir wollen sie tiefer in den Wald hineinführen, damit sie den Weg nicht wieder heraus finden; es ist sonst keine Rettung für uns.“ Dem Mann fiel's schwer aufs Herz, und er dachte: Es wäre besser, dass du den letzten Bissen mit den Kindern teiltest. Aber die Frau hörte auf nichts, was er sagte, schalt ihn und machte ihm Vorwürfe. Wer A sagt, muss auch B sagen, und weil er das erstemal nachgegeben hatte, so musste er es auch zum zweitenmal.

Die Kinder waren aber noch wach gewesen und hatten das Gespräch mit angehört. Als die Alten schliefen, stand Hänsel wieder auf, wollte hinaus und Kieselsteine auflesen wie das vorige Mal, aber die Frau hatte die Tür verschlossen, und Hänsel konnte nicht hinaus. Aber er tröstete sein Schwesterchen und sprach: „Weine nicht, Gretel, und schlaf nur ruhig, der liebe Gott wird uns schon helfen."

Am frühen Morgen kam die Frau und holte die Kinder aus dem Bette. Sie erhielten ihr Stückchen Brot, das war aber noch kleiner als das vorige Mal. Auf dem Weg nach dem Wald bröckelte es Hänsel in der Tasche, stand oft still und warf ein Bröcklein auf die Erde. „Hänsel, was stehst du und guckst dich um", sagte der Vater, „geh deiner Wege." „Ich sehe nach meinem Täubchen, das sitzt auf dem Dach und will mir ade sagen", antwortete Hänsel. „Narr", sagte die Frau, „ das ist dein Täubchen nicht, das ist die Morgensonne, die auf den Schornstein oben scheint." Hänsel aber warf nach und nach alle Bröcklein auf den Weg.

Die Frau führte die Kinder noch tiefer in den Wald, wo sie ihr Lebtag noch nie gewesen waren. Da ward wieder ein großes Feuer angemacht, und die Mutter sagte: „Bleibt nur da sitzen, ihr Kinder, und wenn ihr müde seid, könnt ihr ein wenig schlafen; wir gehen in den Wald und hauen Holz, und abends, wenn wir fertig sind, kommen wir und holen euch ab." Als es Mittag war, teilte Gretel ihr Brot mit Hänsel, der sein Stück auf den Weg gestreut hatte. Dann schliefen sie ein, und der Abend verging, aber niemand kam zu den armen Kindern. Sie erwachten erst in der finsteren Nacht, und Hänsel tröstete sein Schwesterchen und sagte: „Wart nur, Gretel, bis der Mond aufgeht, dann werden wir die Brotbröcklein sehen, die ich ausgestreut habe, die zeigen uns den Weg nach Haus." Als der Mond kam, machten sie sich auf, aber sie fanden keine Bröcklein mehr, denn die vielen tausend Vögel, die im Walde und im Felde umherfliegen, die hatten sie weggepickt. Hänsel sagte zu Gretel: „Wir werden den Weg schon finden", aber sie fanden ihn nicht. Sie gingen die ganze Nacht und noch einen Tag vom Morgen bis zum Abend, aber

sie kamen aus dem Wald nicht heraus und waren so hungrig, denn sie hatten nichts als die paar Beeren, die auf der Erde standen. Und weil sie so müde waren, dass die Beine sie nicht mehr tragen wollten, so legten sie sich unter einen Baum und schliefen ein.
Nun war's schon der dritte Morgen, dass sie ihres Vaters Haus verlassen hatten. Sie fingen wieder an zu gehen, aber sie gerieten immer tiefer in den Wald, und wenn nicht bald Hilfe kam, so mussten sie verschmachten. Als es Mittag war, sahen sie ein schönes schneeweißes Vöglein auf einem Ast sitzen, das sang so schön, dass sie stehen blieben und ihm zuhörten. Und als es fertig war, schwang es seine Flügel und flog vor ihnen her, und sie gingen ihm nach, bis sie zu einem Häuschen gelangten, auf dessen Dach es sich setzte, und als sie ganz nahe herankamen, so sahen sie, dass das Häuschen aus Brot gebaut war und mit Kuchen gedeckt; aber die Fenster waren von hellem Zucker. „Da wollen wir uns dranmachen", sprach Hänsel, „und eine gesegnete Mahlzeit halten. Ich will ein Stück vom Dach essen, Gretel, du kannst vom Fenster essen, das schmeckt süß." Hänsel reichte in die Höhe und brach sich ein wenig vom Dach ab, um zu versuchen, wie es schmeckte, und Gretel stellte sich an die Scheiben und knusperte daran. Da rief eine feine Stimme aus der Stube heraus.

„Knusper, knusper, kneischen,
Wer knuspert an meinem Häuschen?"

Die Kinder antworteten:

„Der Wind, der Wind,
Das himmlische Kind,"

und aßen weiter, ohne sich irre machen zu lassen. Hänsel, dem das Dach sehr gut schmeckte, riss sich ein großes Stück davon herunter, und Gretel stieß ein ganze runde Fensterscheibe heraus, setzte sich nieder und tat sich wohl damit. Da ging auf einmal die Türe auf, und eine steinalte Frau, die sich auf eine Krücke stützte, kam herausgeschlichen. Hänsel und Gretel erschraken so gewaltig, dass sie fallen ließen, was sie in den Händen hielten. Die Alte aber wackelte mit dem Kopf und sprach: „Ei, ihr lieben Kinder, wer hat euch hierher gebracht? Kommt nur herein und bleibt bei mir , es geschieht euch kein Leid." Sie fasste beide an der Hand und führte sie in ihr Häuschen. Da ward gutes Essen aufgetragen, Milch und Pfannkuchen mit Zucker, Äpfeln und Nüssen. Hernach wurden zwei schöne Bettlein weiß gedeckt, und Hänsel und Gretel legten sich hinein und meinten, sie wären im Himmel.

Die Alte hatte sich nur so freundlich gestellt, sie war aber eine böse Hexe, die den Kindern auflauerte, und hatte das Brothäuslein bloß gebaut, um sie herbeizulocken. Wenn eins in ihre Gewalt kam, so machte sie es tot, kochte es und aß es, und das war ihr ein Festtag. Die Hexen haben rote Augen und können nicht weit sehen, aber sie haben eine feine Witterung wie die Tiere und merken's, wenn Menschen herankommen. Als Hänsel und Gretel in ihre Nähe kamen, da lachte sie boshaft und sprach höhnisch: „Die habe ich, die sollen mir nicht wieder entwischen." Frühmorgens, ehe die Kinder erwacht waren, stand sie schon auf, und als sie beide so lieblich ruhen sah, mit den vollen roten Backen, so murmelte sie vor sich hin: „Das wird ein guter Bissen werden." Da packte sie Hänsel mit ihrer dürren Hand und trug ihn in einen kleinen Stall und sperrte ihn mit einer Gittertüre ein; er mochte schreien, wie er wollte, es half ihm nichts. Dann ging sie zur Gretel, rüttelte sie wach und rief: „Steh auf, Faulenzerin, trag Wasser und koch deinem Bruder etwas Gutes, der sitzt draußen im Stall und soll fett werden. Wenn er fett ist, so will ich ihn essen." Gretel fing an, bitterlich zu weinen, aber es war alles vergeblich, sie musste tun, was die böse Hexe verlangte.

Nun ward dem armen Hänsel das beste Essen gekocht, aber Gretel bekam nichts als Krebsschalen. Jeden Morgen schlich die Alte

zu dem Ställchen und rief: „Hänsel, streck deinen Finger heraus, damit ich fühle, ob du bald fett bist.“ Hänsel streckte ihr aber ein Knöchlein heraus, und die Alte, die trübe Augen hatte, konnte es nicht sehen und meinte, es wären Hänsels Finger, und wunderte sich, dass er gar nicht fett werden wollte. Als vier Wochen herum waren und Hänsel immer mager blieb, da überkam sie die Ungeduld, und sie wollte nicht länger warten. „Heda, Gretel“, rief sie dem Mädchen zu, „sei flink und trag Wasser: Hänsel mag fett oder mager sein, morgen will ich ihn schlachten und kochen.“ Ach, wie jammerte das arme Schwesterchen, als es das Wasser tragen musste, und wie flossen ihm die Tränen über die Backen herunter! „Lieber Gott, hilf uns doch“, rief sie aus, „hätten uns nur die wilden Tiere im Wald gefressen, so wären wir doch zusammen gestorben.“ – „Spar nur dein Geplärre“, sagte die Alte, „es hilft dir alles nichts.“
Frühmorgens musste Gretel heraus, den Kessel mit Wasser aufhängen und Feuer anzünden. „Erst wollen wir backen“, sagte die Alte, „ich habe den Backofen schon eingeheizt und den Teig geknetet.“ Sie stieß die arme Gretel hinaus zu dem Backofen, aus dem die Feuerflammen schon herausschlugen. „Kriech hinein“, sagte die Hexe, „und sieh zu, ob recht eingeheizt ist, damit wir das Brot hineinschießen können.“ Und wenn Gretel darin war, wollte sie den Ofen zumachen, und Gretel sollte darin braten, und dann wollte sie's auch aufessen. Aber Gretel merkte, was sie im Sinne hatte, und sprach: „Ich weiß nicht, wie ich's machen soll; wie komme ich da hinein?“ - „Dumme Gans“, sagte die Alte, „die Öffnung ist groß genug, siehst du wohl, ich könnte selbst hinein“, krabbelte heran und steckte den Kopf in den Backofen. Da gab ihr Gretel einen Stoß, dass sie weit hineinfuhr, machte die eisernen Tür zu und schob den Riegel vor. Hu! da fing sie an zu heulen, ganz grauselig; aber Gretel lief fort, und die gottlose Hexe musste elendiglich verbrennen.

Gretel aber lief schnurstracks zum Hänsel, öffnete sein Ställchen und rief: „Hänsel, wir sind erlöst, die alte Hexe ist tot." Da sprang Hänsel heraus wie ein Vogel aus dem Käfig, wenn ihm die Tür aufgemacht wird. Wie haben sie sich gefreut, sind sich um den Hals gefallen, sind herumgesprungen und haben sich geküsst! Und weil sie sich nicht mehr zu fürchten brauchten, so gingen sie in das Haus der Hexe hinein, da standen in allen Ecken Kasten mit Perlen und Edelsteinen. „Die sind noch besser als die Kieselsteine", sagte Hänsel und steckte in seine Taschen, was hinein wollte, und Gretel sagte: „Ich will auch etwas nach Hause bringen", und füllte sich sein Schürzchen voll. „Aber jetzt wollen wir fort", sagte Hänsel, „damit wir aus dem Hexenwald herauskommen."

Als sie aber ein paar Stunden gegangen waren, gelangten sie an ein großes Wasser. „Wir können nicht hinüber", sprach Hänsel, „ich seh' keinen Steg und keine Brücke." - „Hier fährt kein Schiffchen", antwortete Gretel, „aber da schwimmt eine weiße Ente; wenn ich die bitte, so hilft sie uns hinüber." Da rief sie:

„Entchen, Entchen,
Da stehen Gretel und Hänsel,
Kein Steg und keine Brücke,
Nimm uns auf deinen weißen Rücken."

Das Entchen kam auch heran, und Hänsel setzte sich auf und bat sein Schwesterchen, sich zu ihm zu setzen. „Nein", antwortete Gretel, „es wird dem Entchen zu schwer, es soll uns nacheinander hinüberbringen."

Das tat das gute Tierchen, und als sie glücklich drüben waren und ein Weilchen fortgingen, da kam ihnen der Wald immer bekannter und immer bekannter vor, und endlich erblickten sie von weitem ihres Vaters Haus. Da fingen sie an zu laufen, stürzten in die Stube hinein und fielen ihrem Vater um den Hals. Der Mann hatte keine frohe Stunde gehabt, seitdem er die Kinder im Walde gelassen hatte, die Frau aber war gestorben. Gretel schüttelte sein Schürzchen aus, dass die Perlen und Edelsteine in der Stube herumsprangen, und Hänsel warf eine Handvoll nach der andern aus seiner Tasche dazu. Da hatten alle Sorgen ein Ende, und sie lebten in lauter Freude zusammen. Mein Märchen ist aus, dort läuft eine Maus, wer sie fängt, darf sich eine große, große Pelzkappe daraus machen.

Ein Bild zum Märchen „Hänsel und Gretel"
Von einem Ufer zum anderen (Abbildung 14)

Anita, 38 Jahre alt, Psychologin, übte aber den Beruf nie aus, da sie sehr früh heiratete, Sie hat vier Kinder. Der Mann leitet einen großen Betrieb. Sie haben keine Geldsorgen. Der Teilnehmergruppe fiel auf, dass die linke Seite des Bildes (Vergangenheit) viel dunkler und düsterer gemalt war als die rechte (Zukunft). Die Ente, auf der Gretel sitzt, ist sehr groß. Anita sah sich selbst auf der Ente sitzen. Sie hatte dabei keine Angst, da sie wusste, dass sie das andere Ufer sicher erreichen würde. Die eigentliche Gefahr hatte sie schon überwunden. Irgendwie fühlte sie sich erleichtert. Das Überqueren eines Gewässers bedeutet symbolisch einen Entwicklungs- oder Bildungsschritt machen. Ich lasse etwas hinter mir und lande auf einem neuen Ufer. Die Landestelle ist weiß. Es steht alles noch offen. Anita wird vielleicht ihren Beruf wieder aufnehmen oder eine Zusatzausbildung machen. Der gelbe Himmel deutet auf Gedanken der Freiheit und der Weite hin.

Anita konnte diese Deutung gut annehmen. Ihre Lebenssituation war ihr bekannt. Durch die vier Kinder war sie zu einem Hausmütterchen geworden, meinte sie. Darin hatte sie auch noch ihr Mann bestärkt, der es genoss, dass seine Frau für alle da war. Seine Mutter war berufstätig gewesen und hatte wenig Zeit für ihn. Es war für Anita nicht leicht, ihren Mann davon zu überzeugen, dass es auch für sie wichtig ist, einen Beruf auszuüben. Nun wird sie es tun.

Abbildung 14

Rapunzel

Aus der Sammlung der Gebrüder Grimm.

Es war einmal ein Mann und eine Frau, die wünschten sich schon lange vergeblich ein Kind; endlich machte sich die Frau Hoffnung, der liebe Gott werde ihren Wunsch erfüllen. Die Leute hatten in ihrem Hinterhaus ein kleines Fenster, daraus konnte man in einen prächtigen Garten sehen, der voll der schönsten Blumen und Kräuter stand; er war aber von einer hohen Mauer umgeben, und niemand wagte hineinzugehen, weil er einer Zauberin gehörte, die große Macht hatte und von aller Welt gefürchtet ward. Eines Tages stand die Frau an diesem Fenster und sah in den Garten hinab; da erblickte sie ein Beet, das mit den schönsten Rapunzeln bepflanzt war: und sie sahen so frisch und grün aus, dass sie lüstern ward und größtes Verlangen empfand, von den Rapunzeln zu essen. Das Verlangen nahm jeden Tag zu, und da sie wusste, dass sie keine davon bekommen konnte, so fiel sie ganz ab, sah blass und elend aus. Da erschrak der Mann und fragte: „Was fehlt dir, liebe Frau?" - „Ach", antwortete sie, „wenn ich keine Rapunzeln aus dem Garten hinter unserem Haus zu essen kriege, so sterbe ich." Der Mann, der sie lieb hatte, dachte: Eh du deine Frau sterben lässest, holst du ihr von den Rapunzeln, es mag kosten, was es wolle. In der Abenddämmerung stieg er also über die Mauer in den Garten der Zauberin, stach in aller Eile eine Handvoll Rapunzeln und brachte sie seiner Frau. Sie machte sich sogleich Salat daraus und aß sie in voller Begierde auf. Sie hatten ihr aber so gut geschmeckt, dass sie den anderen Tag noch dreimal so viel Lust bekam. Sollte sie Ruhe haben, so musste der Mann noch einmal in den Garten steigen. Er machte sich also in der Abenddämmerung wieder hinab; als er aber die Mauer herabgeklettert war, erschrak er gewaltig, denn er sah die Zauberin vor sich stehen.

„Wie kannst du es wagen“, sprach sie mit zornigem Blick, „in meinen Garten zu steigen und wie ein Dieb mir meine Rapunzeln zu stehlen? Das soll dir schlecht bekommen.“ - „Ach“, antwortete er, „lasst Gnade für Recht ergehen, ich habe mich nur aus Not dazu entschlossen: meine Frau hat Euere Rapunzeln aus dem Fenster erblickt und empfindet ein so großes Gelüsten, dass sie sterben würde, wenn sie nicht davon zu essen bekäme.“ Da ließ die Zauberin in ihrem Zorne nach und sprach zu ihm: „Verhält es sich so, wie du sagst, dann will ich dir gestatten, Rapunzeln mitzunehmen, soviel du willst, allein, ich mache eine Bedingung: du musst mir das Kind geben, das deine Frau zur Welt bringen wird. Es soll ihm gut gehen, und ich will für es sorgen wie eine Mutter.“ Der Mann sagte in der Angst alles zu, und als die Frau in Wochen kam, so erschien sogleich die Zauberin, gab dem Kind den Namen Rapunzel und nahm es mit sich fort.

Rapunzel war das schönste Kind unter der Sonne. Als es zwölf Jahre alt war, schloss es die Zauberin in einen Turm, der in einem Wald lag und weder Treppe noch Tür hatte, nur ganz oben war ein kleines Fensterchen. Wenn die Zauberin hinein wollte, so stellte sie sich unten hin und rief:

„Rapunzel, Rapunzel,
Lass mir dein Haar herunter.“

Rapunzel hatte lange prächtige Haare, fein wie gesponnen Gold. Wenn sie nun die Stimme der Zauberin vernahm, so band sie ihre Zöpfe los, wickelte sie oben um einen Fensterhaken, und dann fielen die Haare zwanzig Ellen tief herunter, und die Zauberin stieg daran hinauf.

Nach ein paar Jahren trug es sich zu, dass der Sohn des Königs durch den Wald ritt und an dem Turm vorüberkam. Da hörte er einen Gesang, der war so lieblich, dass er stille hielt und horchte. Das war Rapunzel, die in ihrer Einsamkeit sich die Zeit damit vertrieb, ihre süße Stimme erschallen zu lassen. Der Königssohn wollte zu ihr hinaufsteigen und suchte nach einer Türe des Turms, aber es war keine zu finden. Er ritt heim, doch der Gesang hatte ihm so sehr das Herz gerührt, dass er jeden Tag hinaus in den Wald ging und zuhörte. Als er einmal so hinter einem Baum stand, sah er, dass eine Zauberin herankam, und hörte, wie sie hinaufrief:

„Rapunzel, Rapunzel,
Lass dein Haar herunter."

Da ließ Rapunzel die Haarflechten herab, und die Zauberin stieg zu ihr hinauf. „Ist das die Leiter, auf welcher man hinaufkommt, so will ich auch einmal mein Glück versuchen." Und den folgenden Tag, als es anfing dunkel zu werden, ging er zu dem Turm und rief:

„Rapunzel, Rapunzel,
Lass dein Haar herunter."

Alsbald fielen die Haare herab, und der Königssohn stieg hinauf. Anfangs erschrak Rapunzel gewaltig, als ein Mann zu ihr hereinkam, wie ihre Augen noch nie einen erblickt hatten, doch der Königssohn fing an, ganz freundlich mit ihr zu reden, und erzählte ihr, dass von ihrem Gesang sein Herz so sehr sei bewegt worden, dass es ihm keine Ruhe gelassen und er sie selber habe sehen müssen. Da verlor Rapunzel ihre Angst, und als er sie fragte, ob sie ihn zum Manne nehmen wollte, und sie sah, dass er jung und schön war, so dachte sie: Der wird mich lieber haben als die alte Frau Gothel, und sagte ja und legte ihre Hand in seine Hand. Sie sprach: „Ich will gerne mit dir gehen, aber ich weiß nicht, wie ich herabkommen kann. Wenn du kommst, so bring jedes mal einen Strang Seide mit, daraus will ich eine Leiter flechten, und wenn die fertig ist, so steige ich herunter und du nimmst mich auf dein Pferd." Sie verabredeten, dass er bis dahin alle Abende zu ihr kommen sollte, denn bei Tag kam die Alte. Die Zauberin merkte auch nichts davon, bis einmal Rapunzel anfing und zu ihr sagte: „Sag sie mir doch, Frau

Gothel, wie kommt es nur, sie wird mir viel schwerer heraufzuziehen als der junge Königssohn, der ist in einem Augenblick bei mir." - „Ach, du gottloses Kind", rief die Zauberin, „was muss ich von dir hören; ich dachte, ich hätte dich von aller Welt geschieden, und du hast mich doch betrogen!" In ihrem Zorn packte sie die schönen Haare der Rapunzel, schlug sie ein paar mal um ihre linke Hand, griff eine Schere mit der rechten, und ritsch, ratsch, waren sie abgeschnitten, und die schönen Flechten lagen auf der Erde. Und sie war so unbarmherzig, dass sie die arme Rapunzel in eine Wüstenei brachte, wo sie in Jammer und Elend leben musste.

Denselben Tag aber, wo sie Rapunzel verstoßen hatte, machte abends die Zauberin die abgeschnittenen Flechten oben am Fensterhaken fest, und als der Königssohn kam und rief:

„Rapunzel, Rapunzel,
Lass dein Haar herunter",

so ließ sie die Haare hinab. Der Königssohn stieg hinauf, aber er fand oben nicht seine liebste Rapunzel, sondern die Zauberin, die ihn mit bösen und giftigen Blicken ansah. „Aha", rief sie höhnisch, „du willst die Frau Liebste holen, aber der schöne Vogel sitzt nicht mehr im Nest und singt nicht mehr; die Katze hat ihn geholt und wird dir auch noch die Augen auskratzen. Für dich ist Rapunzel verloren, du wirst sie nie wieder erblicken." Der Königssohn geriet außer sich vor Schmerz, und in der Verzweiflung sprang er den Turm herab: das Leben brachte er davon, aber die Dornen, in die er fiel, zerstachen ihm die Augen. Da irrte er blind im Wald umher, aß nichts als Wurzeln und Beeren und tat nichts als jammern und weinen über den Verlust seiner liebsten Frau. So wanderte er einige Jahre im Elend umher und geriet endlich in die Wüstenei, wo Rapunzel mit den Zwillingen, die sie geboren hatte, einem Knaben und Mädchen, kümmerlich lebte. Er vernahm eine Stimme, und sie deuchte ihm so bekannt. Da ging er darauf zu, und wie er herankam, erkannte ihn Rapunzel und fiel ihm um den Hals und weinte. Zwei von ihren Tränen aber benetzten seine Augen, da wurden sie wieder klar und er konnte damit sehen wie sonst. Er führte sie in sein Reich, wo er mit Freude empfangen ward, und sie lebten noch lange glücklich und vergnügt.

Ein Bild zum Märchen Rapunzel
Gefangenschaft (Abbildung 15)

Das Bild malte eine Lehrerin, 49 Jahre alt, verheiratet; sie hat einen Sohn und eine Tochter, der Ehemann ist vor kurzem tödlich verunglückt. Auf die Gruppe wirkte das Bild wie ein Gefängnis. Der Turm war für den Aufseher. Das Auge beherrscht alles. Trotzdem wird das Bild als harmonisch empfunden. Die Malerin sagte, dass ihr das Vorstellungsbild erschien, wie die Frau voller Gier auf die Rapunzeln im Garten der Hexe schaute. Sie selbst sah sich als die Frau im Turm.

Das Thema „Gefangenschaft" drängt sich bei diesem Bild förmlich auf. Da sonst niemand zu sehen ist, kann man vermuten, dass die Dargestellte in sich selbst gefangen ist. Der Turm verstärkt diese Sicht. Ebenso das Fenstergitter. Die Gier nach den Rapunzeln könnte eine Gier nach dem Lebendigen sein. Als die Frau das hörte, stimmte sie dem zu und sagte, dass sie sehr streng religiös erzogen worden sei. Es ging immer darum, dass man sich beherrscht und ein „gottgefälliges" Leben führt. So richtig gelebt habe sie noch nie. Sie habe immer ihre Pflicht erfüllt.
Diese Aussage der Frau lässt auch noch die Ergänzung zu, dass das Auge eine weitere Bedeutung haben könnte. Es könnte das Auge Gottes sein, das alles sieht. Dazu sagte die Frau, dass ihre Mutter immer darauf hingewiesen habe, Gottes Auge sähe alles. Auch diese Vorstellung empfand sie als sehr einschränkend.

Abbildung 15

Der Eisenofen

Aus der Sammlung der Gebrüder Grimm.

Zur Zeit, wo das Wünschen noch geholfen hat, ward ein Königssohn von einer alten Hexe verwünscht, dass er im Walde in einem großen Eisenofen sitzen sollte. Da brachte er viele Jahre zu und konnte ihn niemand erlösen. Einmal kam eine Königstochter in den Wald, die hatte sich irregegangen und konnte ihres Vaters Reich nicht wiederfinden; neun Tage war sie so herumgegangen und stand zuletzt vor dem eisernen Kasten. Da kam eine Stimme heraus und fragte sie: „Wo kommst du her, und wo willst du hin?" Sie antwortete: „Ich habe meines Vaters Königreich verloren und kann nicht wieder nach Hause kommen." Da sprach's aus dem Eisenofen: „Ich will dir wieder nach Haus verhelfen, und zwar in einer kurzen Zeit, wenn du willst unterschreiben, zu tun, was ich verlange. Ich bin ein größerer Königssohn als du eine Königstochter und will dich heiraten." Da erschrak sie und dachte: Lieber Gott, was soll ich mit dem Eisenofen anfangen! Weil sie aber gerne wieder zu ihrem Vater heim wollte, unterschrieb sie sich doch, zu tun, was er verlangte. Er sprach aber: „Du wiederkommen, ein Messer mitbringen und ein Loch in das Eisen schrappen." Dann gab er ihr jemand zum Gefährten, der ging nebenher und sprach nicht; er brachte sie aber in zwei Stunden nach Hause. Nun war große Freude im Schloss, als die Königstochter wiederkam, und der alte König fiel ihr um den Hals und küsste sie. Sie aber war sehr betrübt und sprach: „Lieber Vater, wie mir's gegangen hat! Ich wäre nicht wieder nach Haus gekommen aus dem großen wilden Walde, wenn ich nicht wäre an einen eisernen Ofen gekommen, dem habe ich mich müssen unterschreiben, dass ich wollte wieder zu ihm zurückkehren, ihn erlösen und heiraten. „Da erschrak der alte König so sehr, dass er beinahe in eine Ohnmacht gefallen wäre, denn er hatte nur die einzige Tochter. Sie beratschlagten sich also, sie wollten die Müllerstochter, die schön wäre, an ihre Stelle nehmen; führten sie hinaus, gaben ihr ein Messer und sagten, sie sollte an einem Eisenofen schaben. Sie schrappte auch vierundzwanzig Stunden lang, konnte aber nicht das geringste herabbringen. Wie nun der Tag anbrach, rief's in den Eisenofen: „Mich deucht, es ist Tag draußen." Da antwortete sie: „Das deucht mich auch, ich meine, ich höre meines Vaters Mühle rappeln." - „So bist du eine Müllerstochter, dann geh gleich hinaus und lass die Königstochter herkommen." Da ging sie und sagte dem alten König, der draußen wollte sie nicht, er wollte seine Tochter. Da erschrak der alte König, und die Tochter weinte. Sie hatten aber noch eine Schweinehirtentochter, die war noch schöner als die Müllerstochter, der wollten sie ein Stück Geld geben, damit sie für die Königstochter zum eisernen Ofen ginge. Also ward sie hinausgebracht und musste auch vierundzwanzig Stunden lang schrappen; sie brachte aber nichts davon. Wie nun der Tag anbrach, rief's im Ofen: „Mich deucht, es ist Tag draußen." Da antwortete sie: „Das deucht mich auch, ich meine, ich hörte meines Vaters Hörnchen tüten." - „So bist du eine Schweinehirtentochter, geh gleich fort und lass die Königstochter kommen; und sag ihr, es sollt ihr widerfahren, was ich ihr versprochen hätte, und wenn sie nicht käme, sollte im ganzen Reich alles zerfallen und einstürzen und kein Stein auf dem andern bleiben." Als die Königstochter das hörte, fing sie an zu weinen; es war aber nun nicht anders, sie musste ihr Versprechen halten. Da nahm sie Abschied von ihrem Vater, steckte ein Messer ein und ging zu dem Eisenofen in den Wald hinaus. Wie sie nun angekommen war, hub sie an zu schrappen, und das Eisen gab nach, und wie zwei Stunden vorbei waren, hatte sie schon ein kleines Loch geschabt. Da guckte sie hinein und sah einen so schönen Jüngling, ach, der glimmerte in Gold und Edelsteinen, dass er ihr recht in der Seele gefiel. Nun, da schrappte sie noch weiter fort und machte das Loch so groß, dass er heraus konnte. Da sprach er: „Du bist mein, und ich bin dein, du bist meine Braut und hast mich erlöst." Er wollte sie mit sich in sein Reich führen, aber sie bat sich aus, dass sie noch einmal dürfte zu ihrem Vater gehen, und der Königssohn erlaubte es ihr, doch sollte sie nicht mehr mit ihrem Vater sprechen als drei Worte! Da verschwand alsbald der Eisenofen und ward weit weg gerückt über gläserne Berge und schneidende Schwerter; doch der Königssohn war erlöst und nicht mehr darin eingeschlossen. Danach nahm sie Abschied von ihrem Vater und nahm etwas Geld mit, aber nicht viel, ging wieder in den großen Wald und suchte den Eisenofen, allein der war nicht zu finden. Neun Tage suchte sie; da ward ihr Hunger so groß, dass sie sich nicht zu helfen wusste, denn sie hatte nichts mehr zu leben. Und als es Abend ward, setzte sie sich auf einen kleinen Baum und gedachte darauf die Nacht hinzubringen, weil sie sich vor den wilden Tieren fürchtete. Als nun Mitternacht herankam, sah sie von ferne ein kleines Lichtchen und dachte: Ach, da wär ich wohl erlöst, stieg vom Baum und ging dem Lichtchen nach, auf dem Weg aber betete sie. Da kam sie zu einem kleinen alten Häuschen und war viel Gras darum gewachsen und stand ein kleines Häufchen Holz davor. Dachte sie: Ach, wo kommst du hier hin! guckte durchs Fenster hinein, so sah sie nichts als dicke und kleine Itschen (Kröten), aber einen Tisch, schön gedeckt mit Wein und Braten, und Teller und Becher waren von Silber. Da nahm sie sich das Herz und klopfte an. Alsbald rief die Dicke:

„Jungfer grün und klein,
Hutzelbein,
Hutzelbeins Hündchen,
Hutzel hin und her,
Lass geschwind sehen, wer draußen wär."

Da kam eine kleine Itsche herbeigegangen und machte ihr auf. Wie sie eintrat, hießen alle sie willkommen, und sie musste sich setzen. Sie fragten: „Wo kommt ihr her? Wo wollt ihr hin?“ da erzählte sie alles, wie es ihr ergangen wäre, weil sie das Gebot übertreten hätte, nicht mehr als drei Worte zu sprechen, wäre der Ofen weg samt dem Königssohn; nun wollte sie lange suchen und über Berg und Tal wandern, bis sie ihn fände. Da sprach die alte Dicke:

„Jungfer grün und klein,
Hutzelbein,
Hutzelbeins Hündchen,
Hutzel hin und her,
Bring die große Schachtel her.“

Da ging die Kleine hin und brachte die Schachtel herbeigetragen. Hernach gaben sie ihr Essen und Trinken und brachten sie zu einem schönen gemachten Bett, das war wie Seide und Sammet, da legte sie sich hinein und schlief in Gottes Namen. Als der Tag kam, stand sie auf und gab ihr die alte Itsche drei Nadeln aus der großen Schachtel, die sollte sie mitnehmen; sie würden ihr nötig tun, denn sie müsste über einen hohen gläsernen Berg und über drei schneidende Schwerter und über ein großes Wasser; wenn sie das durchsetzte, würde sie ihren Liebsten wieder kriegen. Nun gab sie hiermit drei Teile, die sollte sie recht in Acht nehmen, nämlich drei große Nadeln, ein Pflugrad und drei Nüsse. Hiermit reiste sie ab, und wie sie vor den gläsernen Berg kam, der so glatt war, steckte sie die drei Nadeln hinter die Füße und dann wieder vorwärts und gelangte so hinüber, und als sie hinüber war, steckte sie sie an einem Ort, den sie wohl in acht nahm. Danach kam sie vor die drei schneidenden Schwerter; da stellte sie sich auf ihr Pflugrad und rollte hinüber. Endlich kam sie vor ein großes Wasser und, wie sie übergefahren war, in ein großes schönes Schloss. Sie ging hinein und hielt um einen Dienst an, sie wär eine Magd und wollte sich gerne vermieten; sie wusste aber, dass der Königssohn drinnen war, den sie erlöst hatte aus dem eisernen Ofen im großen Wald. Also ward sie angenommen zum Küchenmädchen für geringen Lohn. Nun hatte der Königssohn schon wieder eine andere an seiner Seite, die wollte er heiraten; denn er dachte, sie wäre längst gestorben. Abends, wie sie aufgewaschen hatte und fertig war, fühlte sie in die Tasche und fand die drei Nüsse, welche ihr die alte Itsche gegeben hatte. Biss eine auf und wollte den Kern essen, siehe, da war ein stolzes königliches Kleid drin. Wies nun die Braut hörte, kam sie, hielt um das Kleid an und wollte es kaufen und sagte, es wäre kein Kleid für eine Dienstmagd. Da sprach sie, nein, sie wollt's nicht verkaufen, doch wann sie ihr einerlei (ein Ding) wollte erlauben, so sollte sie's haben, nämlich eine Nacht in der Kammer ihres Bräutigams zu schlafen. Die Braut erlaubte es ihr, weil das Kleid so schön war und sie noch keins hatte. Wies nun Abend war, sagte sie zu ihrem Bräutigam: „Das närrische Mädchen will in deiner Kammer schlafen." – „Wenn du's zufrieden bist, bin ich's auch", sprach er. Sie gab aber dem Mann ein Glas Wein, in das sie einen Schlaftrunk getan hatte. Also gingen beide in die Kammer schlafen, und er schlief so fest, dass sie ihn nicht erwecken konnte. Sie weinte die ganze Nacht und rief: „Ich habe dich erlöst aus dem wilden Wald und aus dem eisernen Ofen, ich habe dich gesucht und bin gegangen über einen gläsernen Berg, über drei schneidende Schwerter und über ein großes Wasser, ehe ich dich gefunden habe, und willst mich doch nicht erhören. „Die Bedienten saßen vor der Stubentür und hörten, wie sie die ganze Nacht weinte, und sagten es am Morgen ihrem Herrn. Und wie sie am anderen Abend aufgewaschen hatte, biss sie die zweite Nuss auf, da war noch ein weit schöneres Kleid drin. Wie das die Braut sah, wollte sie es auch kaufen. Aber Geld wollte das Mädchen nicht und bat sich aus, dass es noch einmal in der Kammer des Bräutigams schlafen dürfte. Die Braut gab ihm aber einen Schlaftrunk, und er schlief so fest, dass er nichts hören konnte. Das Küchenmädchen weinte aber die ganze Nacht und rief: „ Ich habe dich erlöst aus dem Walde und aus einem eisernen Ofen, ich habe dich gesucht und bin gegangen über einen gläsernen Berg ,über drei schneidende Schwerter und über ein großes Wasser, ehe ich dich gefunden habe, und du willst mich doch nicht hören." Die Bedienten saßen vor der Stubentür und hörten, wie sie die ganze Nacht weinte, und sagten es am Morgen ihrem Herrn. Und als sie am dritten Abend aufgewaschen hatte, biss sie die dritte Nuss auf, da war ein noch schöneres Kleid drin, das starrte von purem Gold. Wie die Braut das sah, wollte sie es haben, das Mädchen gab es nur hin, wenn es zum drittenmal dürfte in der Kammer des Bräutigams schlafen. Der Königssohn aber hütete sich und ließ den Schlaftrunk vorbeilaufen. Wie sie nun anfing zu weinen und zu rufen: „Liebster Schatz, ich habe dich erlöst aus dem grausamen wilden Wald und dem eisernen Ofen" so sprang der Königssohn auf und sprach: „Du bist die Rechte, du bist mein und ich bin dein." Darauf setzte er sich noch in der Nacht mit ihr in einen Wagen, und der falschen Braut nahmen sie die Kleider weg, dass sie nicht aufstehen konnte. Als sie zu dem großen Wasser kamen, da schifften sie hinüber, und vor den drei schneidenden Schwertern, da setzten sie sich aufs Pflugrad, und vor dem gläsernen Berg, da steckten sie die drei Nadeln hinein. So gelangten sie endlich zu dem alten kleinen Häuschen, aber wie sie hineintraten, war's ein großes Schloss, das war viel größer als ihres Vaters Schloss. Weil aber der Alte jammerte, dass er alleine bleiben sollte, so fuhren sie weg und holten ihn zu sich und hatten zwei Königreiche und lebten in gutem Ehestand. Da kam eine Maus, das Märchen war aus.

Bilder zum Märchen „Der Eisenofen“
Männlich - Weiblich (Abbildung 16 und 17)

Die erste Aufgabe der Gruppe war, einen Baum als Vorstellungsbild mit geschlossenen Augen kommen zu lassen. Dieses Bild dann zu zeichnen und dazu ein Herz und ein Tier. Emil, 26 Jahre alt, Sozialarbeiter, verheiratet, 1 Kind, zeichnete den Baum auf Abbildung 16. Er sah ihn durch die Fensterscheibe seiner Terrassentür. Als die Zeichnung fertig war, mussten die Teilnehmer auf ihr Bild noch ein Herz an eine beliebige Stelle zeichnen. Die zweite Zeichnung (Abbildung 17) wurde angefertigt, nachdem ich das Märchen vorgelesen hatte und jeder Gruppenteilnehmer eine Szene daraus als Vorstellungsbild hatte kommen lassen. Emil zeichnete den Eisenofen, der mitten im Wald stand. Die Königstochter kam mit einem Schwert und kratzte ein Loch in den Ofen. Und Emil, so sagte er, war im Ofen und schaute aus dem Loch heraus.

Das Hauptthema der beiden Bilder, die einander ergänzen, ist die Sichtweise von Emil. Wie nimmt er die Welt wahr? Es war bei Emil nie davon die Rede, dass die Prinzessin zu ihm in den Ofen schaute. Auch im Bild kann man das nicht erkennen. Emil nahm also wahr, was ihm die Königstochter vermittelte. Das wird deutlich durch die gleiche Farbe des Sichtloches im Eisenofen, des Schwertes, der Haare, der Krone und der Gesichtssinnesorgane. Haare als Gedanken, Augen als Zeichen ihrer Sicht, Mund für das Sagen, Nase dafür, wie sie die Umwelt „riechen“ konnte. Die Krone als Symbol für die Prinzessin deutet darauf hin, dass es hier um die Sichtweise des zukünftigen Weiblichen geht. Mit dem Schwert wird betont, dass dabei eine starke Frau wirkt. Emil hatte nämlich eine sehr dominante Mutter, in deren Sichtweise er die Welt erfuhr.

Abbildung 16

Abbildung 17

Im Baum, der davor gezeichnet worden war, wird dargestellt, dass Emil die Welt wie durch ein Fenster wahrnimmt. Seine Sicht ist eingeschränkt wie beim Loch im Eisenofen und sie ist gefärbt vom Weiblichen. Er sieht die Welt gewissermaßen mit den Augen der Königstochter. Zur Lebensgeschichte von Emil ist zu erwähnen, dass seine Eltern eine sehr schlechte Ehe führten. Die Mutter, nicht der Vater, brachte ihm bei, wie ein Mann zu sein habe.

Ein Licht in größter Not (Abbildung 18)

Elfi, Lehrerin, 28 Jahre alt, Einzelkind, lebt alleine bei ihren Eltern in geordneten, bürgerlichen Verhältnissen. Die Mutter beherrscht die Familie.

Die Gruppe fand das Bild sehr interessant und ausdrucksstark. Die Teilnehmer waren aber irgendwie gehemmt, Zusammenhänge festzustellen. So wurden nur Einzelheiten genannt. Elfi meinte zu dem Bild, dass ihr beide Szenen gleichzeitig gekommen seien und sie diese nicht zu trennen vermochte. Es ging um die Heimreise des Königssohns über die gläsernen Berge und die scharfen Schwerter und die Not der Königstochter am Baum um Mitternacht als sie aber dann ein Licht sah. Elfi selbst sah sich als Königstochter.

In der gemeinsamen Auslegungsarbeit der Gruppe wurden die verschiedenen Elemente des Bildes herausgestellt. Im väterlichen Bereich (links oben) die gläsernen Berge und die Schwerter. Sie sind Symbol für männliche Härte und Schutz. Dagegen ist das gesellschaftliche Miteinander (rechts oben) durch die weiblichen Symbole des Dämmerlichts der Nacht, zwei Bäumen und eines Laubbaumes gekennzeichnet. Den Mittelpunkt nimmt der weibliche Laubbaum ein, auf dem die Königstochter sitzt. Im mütterlichen Bereich (unten rechts) ist das Haus mit dem Licht. Hier leben die Kröten.

Ich fasste nun diese Elemente zusammen und kam zu folgender Deutung des Bildes: Der Königssohn ist mit dem Eisenofen fort.

Die Königstochter hat sich vom Vater gelöst und sucht nun den Prinzen. In dieser Situation ist sie nun ganz alleine. Zusätzlich ist es Nacht. Sie besteigt einen schützenden Baum. Das Mütterliche, das in ihrem Leben bisher gefehlt hat, umgibt sie. Es sind dies symbolhaft der Laubbaum auf dem sie sitzt, das Dämmerlicht, der Mond und der gesamte mütterliche Bereich (rechts unten). In dieser Stunde der höchsten Not, die wiederum durch die Nacht und die Mitternachtsstunde ausgedrückt wird, sieht sie ein Licht. Hoffnung keimt auf. Der Weg wird sichtbar. Das Haus steht für das Selbst. Die Kröten, die darin wohnen, sind Symbole für Verdrängtes, das ein Schattendasein im Selbst führt, da es ungeliebt ist.

Elfi muss daher ihren Standort verlassen und dem Licht zugehen. Dieser Weg führt zum eigenem Selbst. Im Haus können diese ungeliebten Anteile gesehen werden. Das Verdrängte, das in ihr ein Schattendasein im Unbewussten führt, will in ihr leben. Erst wenn Elfi diese Anteile befreit und in sich leben lässt, ist sie fähig, ihren Weg erfolgreich fortzusetzen.

Elfi sagt dazu, dass sie schon oft vorhatte, von zu Hause auszuziehen. Sie wollte aber ihren Vater nicht verlassen, der unter ihrer Mutter sehr leidet. Die Mutter ist nur zu ertragen, wenn sich alle nach ihr richten. Nun ist sie bestärkt und wird sicher das Elternhaus verlassen.

Abbildung 18

Des Kaisers neue Kleider

Ein Volksmärchen, das im spanischen Sprachraum seine Wurzeln hat, von Hans Christian Andersen aufgezeichnet.

Vor vielen Jahren lebte ein Kaiser, der so ungeheuer viel auf hübsche Kleider hielt, dass er all sein Geld dafür ausgab, um recht geputzt zu sein. Er kümmerte sich nicht um seine Soldaten, kümmerte sich nicht um das Theater und liebte es nicht, in den Wald zu fahren, außer um seine neuen Kleider zu zeigen. Er hatte einen Rock für jede Stunde des Tages, und wie man sonst von einem König sagt, er ist im Rate, sagt man hier immer: „Der Kaiser ist in der Kleiderkammer."

In der großen Stadt, in der er wohnte, ging es sehr munter zu. Jeden Tag kamen viele Fremde, eines Tages kamen auch zwei Betrüger. Sie gaben sich für Weber aus und sagten, dass sie das schönste Zeug, das man sich denken könne, zu weben verstünden. Nicht allein Farben und Muster wären ungewöhnlich schön, sondern die Kleider, die von dem Zeug genäht würden, besäßen auch die wunderbare Eigenschaft, dass sie für jeden Menschen unsichtbar wären, der nicht für sein Amt tauge oder unverzeihlich dumm sei.

„Das wären ja prächtige Kleider", dachte der Kaiser. „Wenn ich die anhätte, könnte ich ja dahinter kommen, welche Männer in meinem Reiche zu dem Amte, das sie haben, nicht taugen; ich könnte die Klugen von den Dummen unterscheiden!" Und er gab den beiden Betrügern viel Handgeld, damit sie ihre Arbeit beginnen möchten. Sie stellten auch zwei Webstühle auf und taten, als ob sie arbeiteten; aber sie hatten nicht das geringste auf dem Stuhle. Frischweg verlangten sie die feinste Seide und das prächtigste Gold, das steckten sie in ihre eigene Tasche und arbeiteten an den leeren Stühlen bis spät in die Nacht hinein.

„Nun möchte ich doch wissen, wie weit sie mit dem Zeug schon sind!“ dachte der Kaiser. Aber es war ihm ordentlich beklommen zumute bei dem Gedanken, dass derjenige, der dumm war oder schlecht zu seinem Amte passte, es nicht sehen könne. Nun glaubte er zwar, dass er für sich selbst nichts zu fürchten brauche, aber er wollte doch erst einen anderen schicken, um zu sehen, wie es damit stünde. Alle Menschen in der ganzen Stadt wussten, welche wunderbare Kraft das Zeug habe, und alle waren begierig zu sehen, wie schlecht oder dumm ihr Nachbar sei.

„Ich will meinen alten ehrlichen Minister zu den Webern senden!“ dachte der Kaiser. „Er kann am besten sehen, wie das Zeug sich ausnimmt, denn er hat Verstand, und keiner versieht sein Amt besser als er!“

Nun ging der gute alte Minister in den Saal hinein, wo die zwei Betrüger saßen und an den leeren Webstühlen arbeiteten. „Gott behüte uns!“ dachte der alte Minister und riss die Augen auf: „ich kann ja nichts erblicken!“ Aber das sagte er nicht.

Beide Betrüger baten ihn, gefälligst näher zu treten, und fragten, ob es nicht ein hübsches Muster und schöne Farben seien. Dabei zeigten sie auf den leeren Webstuhl, und der arme alte Minister fuhr fort, die Augen aufzureißen, aber er konnte nichts sehen, denn es war nichts da.

„Herrgott!“ dachte er, „soll ich dumm sein? Das habe ich nie geglaubt, und das darf kein Mensch wissen! Sollte ich nicht zu meinem Amte taugen? Nein, es geht nicht an, dass ich erzähle, ich könnte das Zeug nicht sehen!“

„Nun, Sie sagen nichts dazu?“ fragte der eine, der da webte. „Oh, es ist hübsch! Ganz allerliebst!“ antwortete der alte Minister und sah durch seine Brille. „Dieses alte Muster und die Farben! Ja, ich werde dem Kaiser sagen, dass es mir sehr gefällt.“

„Nun, das freut uns!“ sagten beide Weber, und darauf nannten sie die Farben mit Namen und erklärten das seltsame Muster. Der alte Minister passte gut auf, damit er dasselbe sagen könnte, wenn er zum Kaiser zurückkäme, und das tat er. Nun verlangten die beiden Betrüger mehr Geld, mehr Seide und mehr Gold, das sie zum Weben brauchen wollten. Sie steckten alles in ihre eigenen Taschen, auf den Webstuhl kam kein Faden, aber sie fuhren fort, wie bisher an dem leeren Webstuhl zu arbeiten.

Der Kaiser sandte bald wieder einen anderen ehrlichen Staatsmann hin, um zu sehen, wie es mit dem Weben stände und ob das Zeug bald fertig sei. Es ging ihm ebenso wie dem Minister; er schaute und schaute, weil aber außer dem leeren Webstuhle nichts da war, konnte er nichts erblicken.

„Ist das nicht ein hübsches Stück Zeug?" fragten die beiden Betrüger und zeigten und erklärten das prächtige Muster, das gar nicht da war.

„Dumm bin ich nicht!" dachte der Mann.

„Ist es also mein gutes Amt, zu dem ich nicht tauge? Das wäre lächerlich, aber man darf es sich nicht merken lassen!" und so lobte er das Zeug, das er nicht sah, und versicherte ihnen seine Freude über die schönen Farben und das herrliche Muster. „Ja, es ist ganz allerliebst!" sagte er zum Kaiser.

Alle Menschen in der Stadt sprachen von dem prächtigen Zeuge. Nun wollte der Kaiser es selbst sehen, während es noch auf dem Webstuhle war. Mit einer ganzen Schar auserwählter Männer, unter ihnen auch die beiden ehrlichen Staatsmänner, die schon früher dort gewesen waren, ging er zu den beiden listigen Betrügern hin, die nun aus Leibeskräften webten, aber ohne Faser oder Faden.

„Ist das nicht prächtig?" sagten die beiden alten Staatsmänner, die schon einmal da gewesen waren. „Sehen Euere Majestät, welches Muster, welche Farbe!" Und dann zeigten sie auf den leeren Webstuhl, denn sie glaubten, dass die anderen das Zeug gewiss sehen könnten.

„Was!“ dachte der Kaiser, „ich sehe gar nichts! Das ist ja schrecklich! Bin ich dumm? Tauge ich nicht dazu, Kaiser zu sein? Das wäre das Schrecklichste, was mir begegnen könnte!“ „Oh, es ist sehr hübsch!“ sagte er. „Es hat meinen allerhöchsten Beifall!“ und er nickte zufrieden und betrachtete den leeren Webstuhl, denn er wollte nicht sagen, dass er nichts sehen könne. Das ganze Gefolge, das er bei sich hatte, schaute und schaute und bekam nicht mehr heraus als alle anderen; aber sie sagten wie der Kaiser: „Oh, das ist sehr hübsch!“ Und sie rieten ihm, diese neuen prächtigen Kleider das erste Mal bei der Prozession, die bevorstand, zu tragen. „Herrlich, wundervoll, exzellent!“ ging es von Mund zu Mund; man war allseits innig erfreut darüber, und der Kaiser verlieh den Betrügern den Ritterorden, im Knopfloch zu tragen, und den Titel: Kaiserliche Hofweber.

Die ganze Nacht vor dem Morgen, an dem die Prozession stattfinden sollte, saßen die Betrüger auf und hatten über sechzehn Lichter angezündet. Die Leute konnten sehen, dass sie stark beschäftigt waren, des Kaisers neue Kleider fertig zu machen. Sie taten, als ob sie das Zeug aus dem Webstuhl nähmen, sie schnitten mit großen Scheren in die Luft, sie nähten mit Nähnadeln ohne Faden und sagten zuletzt: „Nun sind die Kleider fertig!“

Der Kaiser kam mit seinen vornehmsten Kavalieren selbst dahin, und beide Betrüger hoben einen Arm in die Höhe, gerade als ob sie etwas hielten, und sagten: „Seht, hier sind die Beinkleider. Hier ist der Rock! Hier der Mantel!“ und so weiter. „Es ist so leicht wie Spinnwebe, man sollte glauben, man habe nichts auf dem Leibe; aber das ist gerade der Vorzug dabei!“

„Ja!“ sagten alle Kavaliere; aber sie konnten nichts sehen, denn es war nichts da.

„Belieben Euere Kaiserliche Majestät jetzt ihre Kleider allergnädigst auszuziehen“, sagten die Betrüger, „so wollen wir Ihnen die

neuen anziehen, hier vor dem großen Spiegel."
Der Kaiser legte alle seine Kleider ab, und die Betrüger taten so, als ob sie ihm jedes Stück der neuen Kleider anzögen. Sie fassten ihm um den Leib und taten, als bänden sie etwas fest, das war die Schleppe; der Kaiser drehte und wendete sich vor dem Spiegel.
„Ei, wie gut das kleidet! Wie herrlich das sitzt!" sagten alle. „Welches Muster, welche Farben! Das ist eine kostbare Tracht!"
„Draußen stehen sie mit dem Thronhimmel, der über Euere Majestät in der Prozession getragen werden soll", meldete der Oberzeremonienmeister.
„Ja, ich bin fertig" sagte der Kaiser." „Sitzt es nicht gut?" Und dann wandte er sich nochmals vor dem Spiegel, denn es sollte scheinen, als ob er seinen Schmuck recht betrachte.
Die Kammerherren, die die Schleppe tragen sollten, griffen mit den Händen nach dem Fußboden, gerade als ob sie die Schleppe aufhöben; sie wagten es nicht, es sich merken zu lassen, dass sie nichts sehen konnten.
So ging der Kaiser in der Prozession unter dem prächtigen Thronhimmel, und alle Menschen auf der Straße und an den Fenstern riefen: „Gott, wie sind des Kaisers neue Kleider unvergleichlich; welche herrliche Schleppe hat er am Rocke, wie schön das sitzt!" Keiner wollte es sich merken lassen, dass er nichts sah, denn dann hätte er ja nicht zu seinem Amte getaugt oder wäre dumm gewesen. Keine Kleider des Kaisers hatten solches Glück gemacht wie diese.
„Aber er hat ja gar nichts an!" sagte endlich ein kleines Kind. „Herrgott, hört die Stimme der Unschuld!" sagte der Vater, und der eine flüsterte dem anderen zu, was das Kind gesagt hatte.
„Er hat nichts an, dort ist ein kleines Kind, das sagt, er hat nichts an!"
„Aber er hat ja nichts an!" rief zuletzt das ganze Volk. Das ergriff den Kaiser, denn es schien ihm, sie hätten recht, aber er dachte bei

sich: „Nun muss ich die Prozession aushalten.“ Und so hielt er sich noch stolzer, und die Kammerherren gingen und trugen die Schleppe, die gar nicht da war.

Bilder aus dem Märchen „Des Kaisers neue Kleider“
Das Anderssein (Abbildung 19)

Rosa, erstes von drei Mädchen, musste schon als Kleinkind aus seiner Geburtsstadt mit der Mutter und der kleineren Schwester flüchten. Der Vater war im Krieg. Die Mutter beschreibt sie als „würdevoll“ aber unpraktisch im alltäglichen Leben. Rosa übernahm die Rolle der Führenden. Als der Vater nach dem Krieg heimkehrte, wurde Rosa aus der Führungsrolle verdrängt, was öfters zu Schwierigkeiten führte.

Die Gruppe ließ das Bild auf sich wirken und war beeindruckt. Der „Schein“ hatte auch sie erfasst. Die bunten Seidentücher blendeten. Das Bild wirkte beeindruckend.

Rosa meinte, dass ihr selber das Bild eigentlich wenig sage. Sie sei eher sehr direkt und habe damit schon manche verletzt. Auf meine Frage, wo sie sich wiederfindet, antwortete sie:“ Vielleicht im großen Leuchter rechts unten“. In der weiteren gemeinsamen Deutungsarbeit zeigte es sich, dass ihr Anderssein ihr Thema war. Zu früh musste Rosa die Mutterstelle übernehmen.

Der Kerzenleuchter im Bild ragt vom mütterlichen Bereich (rechts unten) bis ins Gesellschaftliche (rechts oben). Sie durchschaute schon sehr früh die Scheinwelt der Erwachsenen und konnte mit übertrieben höflichen Personen, die keine klaren Standpunkte vertraten, wenig anfangen. Ihre direkte Art war aber auch nicht jedermanns Sache. Den „Boden“ der Leuchter stellten die bunten Seidenstoffe als Kontrast zu dem innerlich farblosen Leben dar.

Rosa war sehr nachdenklich geworden und sagte, dass sie mit dieser Deutung etwas anfangen könne.

Abbildung 19

Sein und Haben (Abbildung 20)

Mario, 35 Jahre alt, drittes von vier Kindern, Künstler, verheiratet, hat selbst zwei Buben.

Die Gruppe betrachtete das Bild lange und bemerkte die Aussagestärke des Bildes und deutete dieses im Sinne des Märchens. Der Zeichner fühlte sich nicht angesprochen. Es muss etwas anderes bedeuten, sagte er, wenn dies mein Lebensproblem sein soll. Auch meine Ergänzungen trafen nicht ins Schwarze.

So suchten wir Hilfe in der Aufstellung des Bildes. Mario stellte sich mit den beiden Schleppträgern auf; dann das Kind mit den Zuschauern und die Sonne. Auf einmal fing die Sonne herzhaft zu lachen an und konnte sich überhaupt nicht mehr beruhigen. Eigenartigerweise verdeckte der König bei der Aufstellung sein Gesicht mit beiden Händen. So konnte er die Sonne nicht sehen.

In dem Moment wurde das Lebensproblem, das durch die Zeichnung dargestellt worden war, deutlich sichtbar.

Der Zeichner kann das Schöne, Freudvolle und Wärmende seines Lebens nicht anschauen. Er nimmt nur wahr, was man an ihm auszusetzen hat. Dieser Kritik fühlt er sich oft schutzlos ausgesetzt. Das ist es, gab Mario zu.

Bei dieser Deutungsarbeit war die Aufstellung eine wirkliche Hilfe. Beim Aufstellen können die Teilnehmer agieren. Sie können reden und auch ihren Platz verändern. Auch wenn ein Bild schon klar gedeutet worden ist, kann mittels einer Aufstellung die Wirkung noch verstärkt werden.

Abbildung 20

Das Mädchen ohne Hände

Aus der Sammlung der Gebrüder Grimm.

Ein Müller war nach und nach in Armut geraten und hatte nichts mehr als seine Mühle und einen großen Apfelbaum dahinter. Einmal war er in den Wald gegangen, Holz zu holen, da trat ein alter Mann zu ihm, den er noch niemals gesehen hatte, und sprach: „Was quälst du dich mit Holzhacken, ich will dich reich machen, wenn du mir versprichst, was hinter deiner Mühle steht."- Was kann das anders sein als mein Apfelbaum? dachte der Müller, sagte ja und verschrieb es dem Manne. Der aber lachte höhnisch und sagte: „Nach drei Jahren will ich kommen und abholen, was mir gehört", und ging fort. Als der Müller nach Hause kam, trat ihm seine Frau entgegen und sprach: „Sage mir, Müller, woher kommt der plötzliche Reichtum in unser Haus? Auf einmal sind alle Kisten und Kasten voll, kein Mensch hat es hereingebracht, und ich weiß nicht, wie es zugegangen ist." Er antwortete: „Das kommt von einem fremden Manne, der mir im Wald begegnet ist und mir große Schätze verheißen; ich habe ihm dagegen verschrieben, was hinter der Mühle steht; den großen Apfelbaum können wir wohl dafür geben. „Ach, Mann", sagte die Frau erschrocken, „das ist der Teufel gewesen; den Apfelbaum hat er nicht gemeint, sondern unsere Tochter, die stand hinter der Mühle und kehrte den Hof."

Die Müllerstochter war ein schönes und frommes Mädchen und lebte die drei Jahre in Gottesfurcht und ohne Sünde. Als nun die Zeit herum war und der Tag kam, wo sie der Böse holen wollte, da wusch sie sich rein und machte mit Kreide einen Kranz um sich. Der Teufel erschien ganz frühe, aber er konnte ihr nicht nahe kommen. Zornig sprach er zum Müller: „Tu ihr alles Wasser weg, damit sie sich nicht mehr waschen kann, denn sonst habe ich keine Gewalt über sie." Der Müller fürchtete sich und tat es. Am anderen Morgen kam der Teufel wieder, aber sie hatte auf ihre Hände geweint, und sie waren ganz rein. Da konnte er ihr wiederum nicht nahen und sprach wütend zu dem Müller: „ Hau ihr die Hände ab, sonst kann ich ihr nichts anhaben." Der Müller entsetzte sich und antwortete: „Wie könnte ich meinem eigenen Kind die Hände abhauen!" Da drohte ihm der Böse und sprach: „Wo du es nicht tust, so bist du mein und ich hole dich selber." Dem Vater ward angst, und er versprach, ihm zu gehorchen. Da ging er zu dem Mädchen und sagte: „Mein Kind, wenn ich dir nicht beide Hände abhaue, so führt mich der Teufel fort, und in meiner Angst habe ich es ihm versprochen. Hilf mir doch in meiner Not, und verzeihe mir, was ich Böses an dir tue." Sie antwortete: „Lieber Vater, macht mit mir, was Ihr wollt, ich bin Euer Kind."

Darauf legte sie beide Hände hin und ließ sie sich abhauen. Der Teufel kam zum drittenmal, aber sie hatte so lange und so viel auf die Stümpfe geweint, dass sie doch ganz rein waren. Da musste er weichen und hatte alles Recht auf sie verloren.

Der Müller sprach zu ihr: "Ich habe so großes Gut durch dich erworben, ich will dich zeitlebens auf das köstlichste halten." Sie antwortete: „Hier kann ich nicht bleiben, ich will fortgehen; mitleidige Menschen werden mir schon soviel geben, als ich brauche." Darauf ließ sie sich die verstümmelten Arme auf den Rücken binden, und mit Sonnenaufgang machte sie sich auf den Weg und ging den ganzen Tag, bis es Nacht ward. Da kam sie zu einem königlichen Garten, und beim Mondenschimmer sah sie, dass Bäume voll schöner Früchte darin standen; aber sie konnte nicht hinein, denn es war ein Wasser darum. Und weil sie den ganzen Tag gegangen war und keinen Bissen genossen hatte und der Hunger sie quälte, so dachte sie: Ach, wäre ich darin, damit ich etwas von den Früchten äße, sonst muss ich verschmachten. Da kniete sie nieder, rief Gott den Herrn an und betete. Auf einmal kam ein Engel daher,

der machte eine Schleuse in dem Wasser zu, so dass der Graben trocken ward und sie hindurchgehen konnte. Nun ging sie in den Garten, und der Engel ging mit ihr. Sie sah einen Baum mit Obst, das waren schöne Birnen, aber sie waren alle gezählt. Da trat sie hinzu und aß eine mit dem Munde vom Baume ab, ihren Hunger zu stillen, aber nicht mehr. Der Gärtner sah es mit an, weil aber der Engel dabei stand, fürchtete er sich und meinte, das Mädchen wäre ein Geist, schwieg still und getraute sich nicht zu rufen oder den Geist anzureden. Als sie die Birne gegessen hatte, war sie gesättigt und ging und versteckte sich im Gebüsch. Der König, dem der Garten gehörte, kam am anderen Morgen herab; da zählte er und sah, dass eine der Birnen fehlte, und fragte den Gärtner, wo sie hingekommen wäre, sie läge nicht unter dem Baum und wäre doch weg. Da antwortete der Gärtner: "Vorige Nacht kam ein Geist herein, der hatte keine Hände und aß eine mit dem Mund ab" Der König sprach: "Wie ist der Geist über das Wasser herübergekommen? und wo ist er hingegangen, nachdem er die Birne gegessen hatte?" Der Gärtner antwortete: „Es kam jemand in schneeweißem Kleide vom Himmel, der hatte die Schleuse zugemacht und das Wasser gehemmt, damit der Geist durch den Graben gehen konnte. Und weil es ein Engel muss gewesen sein, so habe ich mich gefürchtet, nicht gefragt und nicht gerufen. Als der Geist die Birne gegessen hatte, ist er wieder gegangen." Der König sprach: „Verhält es sich, wie du sagst, so will ich diese Nacht bei dir wachen."
Als es dunkel ward, kam der König in den Garten und brachte einen Priester mit, der sollte den Geist anreden Alle drei setzten sich unter den Baum und gaben acht. Um Mitternacht kam das Mädchen aus dem Gebüsch gekrochen, trat zu dem Baum und aß wieder mit dem Munde eine Birne ab; neben ihr aber stand der Engel im weißen Kleide. Da ging der Priester hervor und sprach: "Bist du von Gott gekommen oder von der Welt? Bist du ein Geist oder ein

Mensch?“ Sie antwortete: „Ich bin kein Geist, sondern ein armer Mensch, von allen verlassen, nur von Gott nicht.“ Der König sprach:“ Wenn du von aller Welt verlassen bist, so will ich dich nicht verlassen.“ Er nahm sie mit sich in sein königliches Schloss, und weil sie so schön und so fromm war, liebte er sie von Herzen, ließ ihr silberne Hände machen und nahm sie zu seiner Gemahlin.

Nach einem Jahr musste der König über Feld ziehen, da befahl er die junge Königin seiner Mutter und sprach:“ Wenn sie ins Kindbett kommt, so haltet und verpflegt sie wohl, und schreibt mir's in einem Brief.“ Nun gebar sie einen schönen Sohn. Da schrieb es die alte Mutter eilig und meldete ihm die frohe Nachricht. Der Bote aber ruhte unterwegs an einem Bache, und da er vom langen Weg ermüdet war, schlief er ein. Da kam der Teufel, welcher der frommen Königin immer zu schaden trachtete, und vertauschte den Brief mit einem anderen, darin stand, dass die Königin einen Wechselbalg zur Welt gebracht hätte .Als der König den Brief las, erschrak er und betrübte sich sehr, doch schrieb er zur Antwort, sie sollen die Königin wohl halten und pflegen bis zu seiner Ankunft. Der Bote ging mit dem Brief zurück, ruhte an der nämlichen Stelle und schlief wieder ein. Da kam der Teufel abermals und legte ihm einen anderen Brief in die Tasche, darin stand, sie sollten die Königin mit ihrem Kinde töten. Die alte Mutter erschrak heftig, als sie den Brief erhielt, konnte es nicht glauben und schrieb dem König noch einmal, aber sie bekam keine andere Antwort, weil der Teufel dem Boten jedes Mal einen falschen Brief unterschob; und in dem letzten Brief stand noch, sie sollten zum Wahrzeichen Zunge und Augen der Königin aufheben.

Aber die alte Mutter weinte, dass so unschuldiges Blut sollte vergossen werden, ließ eine Hirschkuh holen, schnitt ihr Zunge und Augen aus und hob sie auf. Dann sprach sie zur Königin:“ Ich kann dich nicht töten lassen, wie der König befielt, aber länger darfst du hier nicht bleiben; geh mit deinem Kinde in die weite Welt hinein, und komm nie wieder zurück." Sie band ihr das Kind auf den Rücken, und die arme Frau ging mit weinerlichen Augen fort. Sie kam in einen großen wilden Wald, da setzte sie sich auf ihre Knie und betete zu Gott, und der Engel des Herrn erschien ihr und führte sie zu einem kleinen Haus, daran war ein Schildchen mit den Worten: „Hier wohnt ein jeder frei." Aus dem Häuschen kam eine schneeweiße Jungfrau, die sprach: "Willkommen, Frau Königin", und führte sie hinein. Da band sie ihr den kleinen Knaben von dem Rücken und hielt ihn an ihre Brust, damit er trank, und legte ihn dann auf ein schönes gemachtes Bettchen. Da sprach die arme Frau: „Woher weißt du, dass ich eine Königin war?" Die weiße Jungfrau antwortete: „Ich bin ein Engel, von Gott gesandt, dich und dein Kind zu verpflegen." Da blieb sie in dem Haus sieben Jahre und war wohl verpflegt, und durch Gottes Gnade wegen ihrer Frömmigkeit wuchsen ihr die abgehauenen Hände wieder.

Der König kam endlich aus dem Feld wieder nach Hause, und sein erstes war, dass er seine Frau mit dem Kind sehen wollte. Da fing die alte Mutter zu weinen an und sprach: „Du böser Mann, was hast du mir geschrieben, dass ich zwei unschuldige Seelen ums Leben bringen sollte!" und zeigte ihm die beiden Briefe, die der Böse verfälscht hatte, und sprach weiter: „Ich habe getan, was du befohlen hast", und wies ihm die Wahrzeichen, Zunge und Augen. Da fing der König an, noch viel bitterlicher zu weinen über seine arme Frau und sein Söhnlein, dass es die alte Mutter erbarmte und sie zu ihm sprach: „Gib dich zufrieden, sie lebt noch. Ich habe eine Hirschkuh heimlich schlachten lassen und von dieser die Wahrzeichen genommen, deiner Frau aber habe ich ihr Kind auf den Rücken gebunden und sie geheißen, in die weite Welt zu gehen, und sie hat versprechen müssen, nie wieder hierher zu kommen, weil du so zornig über sie wärst." Da sprach der König: „ich will gehen, soweit der Himmel blau ist, und nicht essen und trinken, bis ich meine liebe Frau und mein Kind wiedergefunden habe, wenn sie nicht in der Zeit umgekommen oder Hungers gestorben sind."

Darauf zog der König umher, an die sieben Jahre lang, und suchte sie in allen Steinklippen und Felsenhöhlen, aber er fand sie nicht und dachte, sie wären verschmachtet. Er aß nicht und trank nicht während dieser ganzen Zeit, aber Gott erhielt ihn. Endlich kam er in einen großen Wald und fand darin das kleine Häuschen, daran das Schildchen war mit den Worten: „Hier wohnt jeder frei." Da kam die weiße Jungfrau heraus, nahm in bei der Hand, führte ihn hinein und sprach: „Seid willkommen, Herr König", und fragte ihn, wo er herkäme. Er antwortete: „Ich bin bald sieben Jahre umhergezogen und suchte meine Frau mit ihrem Kinde, ich kann sie aber nicht finden." Der Engel bot ihm Essen und Trinken an, er nahm es aber nicht und wollte nur ein wenig ruhen. Da legte er sich schlafen und deckte ein Tuch über sein Gesicht.

Darauf ging der Engel in die Kammer, wo die Königin mit ihrem Sohn saß, den sie gewöhnlich Schmerzenreich nannte, und sprach zu ihr: „Geh hinaus mitsamt deinem Kinde, dein Gemahl ist gekommen." Da ging sie hin, wo er lag, und das Tuch fiel ihm vom Angesicht. Da sprach sie: „Schmerzenreich, heb deinem Vater das Tuch auf, und decke ihm sein Gesicht wieder zu." Das Kind hob es auf und deckte es wieder über sein Gesicht. Das hörte der König im Schlummer und ließ das Tuch noch einmal gerne fallen. Da ward das Knäbchen ungeduldig und sagte: „Liebe Mutter, wie kann ich meinem Vater das Gesicht zudecken, ich habe ja keinen Vater auf der Welt. Ich habe das Beten gelernt, Unser Vater, der du bist im Himmel; da hast du gesagt, mein Vater wäre im Himmel und wäre der liebe Gott: wie soll ich einen so wilden Mann kennen? Der ist mein Vater nicht." Wie der König das hörte, richtete er sich auf und fragte, wer sie wäre. Da sagte sie: „Ich bin deine Frau, und das ist dein Sohn Schmerzenreich." Und er sah ihre lebendigen Hände und sprach: „Meine Frau hat silberne Hände." Sie antwortete: „Die natürlichen Hände hat mir der liebe Gott wieder wachsen lassen"; und der Engel ging in die Kammer, holte die silbernen Hände und zeigte sie ihm. Da sah er erst gewiss, dass es seine liebe Frau und sein liebes Kind war, und küsste sie und war froh und sagte: „Ein schwerer Stein ist mir von meinem Herzen gefallen." Da speiste sie der Engel Gottes noch einmal zusammen, und dann gingen sie nach Hause zu seiner alten Mutter. Da war große Freude überall, und der König und die Königin hielten noch einmal Hochzeit, und lebten vergnügt bis an ihr seliges Ende.

Ein Bild aus dem Märchen „Das Mädchen ohne Hände"
Vertauschte Botschaften (Abbildung 21)

Bei der Gruppenarbeit zum Märchen „Das Mädchen ohne Hände" nahm auch das Ehepaar Ernst und Burgi teil. Als sie das Märchen hörten, blieb Burgi bei der Szene hängen, wo der Teufel die Botschaft austauscht. Diese Märchenszene berührte das Innerste von Burgi. Sie malte Abbildung 21. Durch dieses Bild konnte sich Burgi ihrem derzeit aktuellem Lebensproblem zuwenden. Was sagt uns das Bild? Grundsätzlich geht es einmal darum, dass der Inhalt der Gespräche zwischen dem Ehepaar „vertauscht" ankommt. Als „Teufel" können wir das vom jeweiligen Ehepartner „Verteufelte" annehmen.

Was war dies? Burgi erlebte ihren Vater als unverlässlich. Sie musste für alles die Verantwortung übernehmen und vieles selbständig erledigen. Ernst hatte eine Mutter, die sehr vereinnahmend war. Sie verstand es immer wieder, ihn an sie zu binden. Wenn nun Ernst mit Burgi etwas besprach, dann kam es oftmals „vertauscht" an. Sie hörte nur etwas und wusste sogleich, dass Ernst zwar gut reden kann, aber letztlich bleibt die Ausführung seiner „guten Ideen" immer bei ihr hängen. Burgis Wortmeldungen kamen bei Ernst ebenfalls „vertauscht" an. Er befürchtete, sie wolle ihn mit all ihren Plänen und Wünschen nur an sich binden.

Abbildung 21

Der Gevatter Tod

Aus der Sammlung der Gebrüder Grimm.

Es hatte ein armer Mann zwölf Kinder und musste Tag und Nacht arbeiten, damit er ihnen nur Brot geben konnte. Als nun das dreizehnte zur Welt kam, wusste er sich in seiner Not nicht zu helfen, lief hinaus auf die große Landstraße und wollte den ersten, der ihm begegnete, zu Gevatter bitten. Der erste, der ihm begegnete, das war der liebe Gott, der wusste schon, was er auf dem Herzen hatte, und sprach zu ihm:" Armer Mann, du dauerst mich, ich will dein Kind aus der Taufe heben, will für es sorgen und es glücklich machen auf Erden. Der Mann sprach: „Wer bist du?" - Ich bin der liebe Gott." - „So begehr ich dich nicht zum Gevatter", sagte der Mann," du gibst den Reichen und lässt die Armen hungern." Das sprach der Mann, weil er nicht wusste, wie weislich Gott Reichtum und Armut verteilt. Also wendete er sich von dem Herrn und ging weiter. Da trat der Teufel zu ihm und sprach: „Was suchst du? Willst du mich zum Paten deines Kindes nehmen, so will ich ihm Gold in Hülle und Fülle und alle Lust der Welt dazu geben." Der Mann fragte: „Wer bist du?" - „Ich bin der Teufel." - „So begehr ich dich nicht zum Gevatter", sprach der Mann, du betrügst und verführst die Menschen." Er ging weiter, da kam der dürrbeinige Tod auf ihn zugeschritten und sprach: „Nimm mich zu Gevatter." Der Mann fragte: „Wer bist du?" - „Ich bin der Tod, der alle gleich macht." Da sprach der Mann: „Du bist der Rechte, du holst den Reichen wie den Armen ohne Unterschied, du sollst mein Gevattersmann sein." Der Tod antwortete: „Ich will dein Kind reich und berühmt machen, denn wer mich zum Freund hat, dem kann nichts fehlen." Der Mann sprach: „Künftigen Sonntag ist die Taufe, da stell dich zu rechten Zeit ein." Der Tod erschien, wie er versprochen hatte, und stand ganz ordentlich Gevatter.

Als der Knabe zu Jahren gekommen war, trat zu einer Zeit der Pate ein und hieß ihn mitgehen. Er führte ihn hinaus in den Wald, zeigte ihm ein Kraut, das da wuchs, und sprach: „Jetzt sollst du dein Patengeschenk empfangen. Ich mache dich zu einem berühmten Arzt. Wenn du zu einem Kranken gerufen wirst, so will ich dir jedes Mal erscheinen: steh ich zu Häupten des Kranken, so kannst du keck sprechen, du wolltest ihn wieder gesund machen, und gibst du ihm dann von jenem Kraut ein, so wird er genesen; steh ich aber zu Füßen des Kranken, so ist er mein, und du musst sagen, alle Hilfe sei umsonst und kein Arzt in der Welt könne ihn retten .Aber hüte dich, dass du das Kraut nicht gegen meinen Willen gebrauchst, es könnte dir schlimm ergehen."

Es dauerte nicht lange, so war der Jüngling der berühmteste Arzt auf der ganzen Welt. Er brauche nur die Kranken anzusehen, so wisse er schon, wie es stehe, ob sie wieder gesund werden oder ob sie sterben müssen", so hieß es von ihm, und weit und breit kamen die Leute herbei, holten ihn zu den Kranken und gaben ihm so viel Geld, dass er bald ein reicher Mann war. Nun trug es sich zu, dass der König erkrankte; der Arzt ward berufen und sollte sagen, ob Genesung möglich wäre. Wie er aber zu dem Bette trat, so stand der Tod zu Füßen des Kranken, und da war für ihn kein Kraut gewachsen. Wenn ich doch einmal den Tod überlisten könnte, dachte der Arzt, er wird`s freilich übel nehmen, aber da ich sein Pate bin, so drückt er wohl ein Auge zu: ich will's wagen. Er fasste also den Kranken und legte ihn verkehrt, so dass der Tod zu Häupten desselben zu stehen kam. Dann gab er ihm von dem Kraute ein, und der König erholte sich und ward wieder gesund. Der Tod aber kam zu dem Arzt, machte ein böses und finsteres Gesicht, drohte mit dem Finger und sagte: „Du hast mich hinter das Licht geführt. Diesmal will ich dir's nachsehen, weil du mein Pate bist; aber wagst du das noch einmal, so geht dir's an den Kragen, und ich nehme dich selbst fort."

Bald hernach verfiel die Tochter des Königs in eine schwere Krankheit. Sie war sein einziges Kind, er weinte Tag und Nacht, dass ihm die Augen erblindeten, und ließ bekannt machen, wer sie vom Tod errette, der soll ihr Gemahl werden und die Krone erben. Der Arzt, als er zu dem Bett der Kranken kam, erblickte den Tod zu ihren Füßen. Er hätte sich der Warnung seines Paten erinnern sollen, aber die große Schönheit der Königstochter und das Glück, ihr Gemahl zu werden, betörten ihn so, dass er alle Gedanken in den Wind schlug. Er sah nicht, dass der Tod ihm zornige Blicke zuwarf, die Hand in die Höhe hob und mit der dürren Faust drohte; er hob die Kranke auf und legte ihr Haupt dahin, wo die Füße gelegen hatten. Dann gab er ihr das Kraut ein, und alsbald röteten sich ihre Wangen, und das Leben regte sich von neuem. Der Tod, als er sich das zweitemal um sein Eigentum betrogen sah, ging mit langen Schritten auf den Arzt zu und sprach: „Es ist aus mit dir, und die Reihe kommt nun an dich", packte ihn mit seiner eiskalten Hand so hart, dass er nicht widerstehen konnte, und führte ihn in eine unterirdische Höhle. Da sah er, wie tausend und tausend Lichter in unübersehbaren Reihen brannten, einige große, andere halbgroße, andere klein. Jeden Augenblick verloschen einige, und andere brannten wieder auf, also dass die Flämmchen in beständigem Wechsel hin und her zu hüpfen schienen. „Siehst du", sprach der Tod," das sind die Lebenslichter der Menschen. Die großen gehören Kindern, die halbgroßen Eheleuten in den besten Jahren, die kleinen gehören Greisen. Doch auch Kinder und junge Leute haben oft nur ein kleines Lichtchen." - „Zeige mir mein Lebenslicht", sagte der Arzt und meinte, es wäre noch recht groß. Der Tod deutete auf ein kleines Endchen, das eben auszugehen drohte, und sagte: „Siehst du, da ist es." - „Ach, lieber Pate", sagte der erschrockene Arzt, „zündet mir ein neues an, tut mir's zuliebe, damit ich meines Lebens genießen kann, König werde und Gemahl der schönen Königstochter." - „Ich kann nicht", antwortete der Tod, „erst muss eins verlöschen, eh ein neues anbrennt." - „So setzt das alte auf ein neues, das gleich fortbrennt, wenn jenes zu Ende ist", bat der Arzt. Der Tod stellte sich, als ob er seinen Wunsch erfüllen wollte, langte ein frisches großes Licht herbei; aber weil er sich rächen wollte, versah er's beim Umstecken absichtlich, und das Stückchen fiel um und verlosch. Alsbald sank der Arzt zu Boden und war nun selbst in die Hand des Todes geraten.

Ein Bild zum Märchen „Der Gevatter Tod"
Fremdbestimmung (Abbildung 22)

Lore, Einzelkind, Mutter starb bei der Geburt, Lehrerein, verheiratet, hat zwei Kinder, die im Ausland leben. Sie sagt, dass sie sehr glücklich verheiratet ist. Der Gruppe fiel auf, dass alle drei Personen auf dem Bild nach vorne schauen. Sie haben keine Beziehung zueinander. Die Zeichnerin sagte, dass sie beim Hören dieser Szene kein gutes Gefühl hatte. Sie mochte diese Stelle nicht, aber sie kam davon nicht los. So blieb sie dabei, doch fühlte sich beim Malen des Bildes irgendwie unfrei.

Vom Märchen ausgehend und durch die Gefühlsäußerungen der Zeichnerin bestärkt, meinte ich, dass es wohl um das Lebensthema „Andere bestimmen über mich" gehe. Ihr Vater war nach dem Tod der Mutter auf einmal alleine und heillos überfordert mit der kleinen Tochter. Er war in seiner Hilflosigkeit gefangen und sah nur noch sich und seine Not. So verfügte er über sein Kind. Sicher wollte er für seine Tochter alles gut machen. Aber er war in seinem Denken und Tun ganz in sich selber verstrickt.

Als Lore das hörte, fing sie an zu weinen: „Genauso war es", sagte sie. „Ich fühle mich heute noch unfrei, wenn ich an meinen Vater denke. Dabei tut er mir sehr leid, weil ich ihn irgendwie sehr liebte. Er war doch so hilflos. Eigenartigerweise," fuhr Lore fort, „heiratete ich einen Mann, der genau das Gegenteil von meinen Vater ist. Aber ich gelangte eines Tages in eine religiöse, charismatische Gruppe, in der ich wieder diese Unfreiheit spürte. Es war, so denke ich heute, als hätte ich in Christus meinen Vater erlebt."

Abbildung 22

Sinnlich wahrgenommene Erfahrungen in Bildern gespeichert

Sicher haben Sie auch schon einmal festgestellt, dass Sie bestimmte Erlebnisse mit bestimmten Sinneseindrücken verbinden. Lange vergangene Erlebnisse werden wieder lebendig, wenn uns ein Ort, ein Geruch, eine Stimme oder dergleichen an unser Erlebnis erinnert.

Ein Beispiel zum Geruchsinn:
Ein Mann erzählte, dass sein Großvater immer eine Pfeife geraucht hatte. Diesen Großvater erlebte der Mann als sehr ruhig und gütig. Wenn er jetzt Pfeifenrauch wahrnimmt, dann kommt ihm immer wieder das Bild seines ruhigen und gütigen Großvaters.

Ein Beispiel zu erlebtem Lärm:
Ein Frau berichtet, dass ihr das Klirren von Ketten heute noch Angst einjagt. Das wird noch verstärkt, wenn es bei Dunkelheit geschieht. Sie wuchs in Tirol auf. Dort gingen am 5. Dezember die Krampusse mit einem Nikolaus von Haus zu Haus. Als sie noch ein kleines Mädchen war, kamen diese auch in ihr Elternhaus. Der wilde Krach, vor allem das Klirren der Ketten, lösten in ihr große Angst aus. Sie weiß heute noch, dass sie damals sehr weinte und ihr keiner beistand.

Diese Erfahrungen zeigen uns, dass Erlebnisse mit den damit verbundenen sinnlichen Eindrücken gemeinsam in uns gespeichert werden. Und so können bestimmte Bilder, Gerüche, Töne usw. das damit verbundene Erlebnis wieder aus unserem Speicher = Unbewusstem abrufen.

Ein Beispiel zum individuellen Symbol:
Eine Frau sagte, dass bei ihr die gelbe Farbe ein ungutes Gefühl auslöse. Es habe überhaupt nichts zu tun mit Weite, wie es das kollektive Symbol ausdrückt. Ich bat die Frau, mit Hilfe ihrer Herkunftsfamilie nachzuforschen, ob sie im Zusammenhang mit gelber Farbe irgend ein belastendes Erlebnis gehabt habe. Nach einiger Zeit berichtet diese Frau, dass sie als Kind aus dem Fenster gefallen sei. Die Wände dieses Hauses waren gelb. Auch hier zeigt sich, dass das Gelb der Wände und der schmerzende Aufprall verschmolzen gespeichert wurden. Mit der gelben Farbe wurde auch der Schrecken des Sturzes wieder aktualisiert.

Weitere Beispiele zu Stimmungen:
Mit bestimmten Speisen wird auch die damit verbundene Stimmung gespeichert. So bekommt ein spezielles Weihnachtsessen in einer Familie eine ganz bestimmte Bedeutung. Flüchtlinge berichten von heimatlichen Gefühlen, wenn sie eine aus ihrer Heimat bekannte Speise essen. So kann aber auch eine unangenehme Stimmung wieder erlebt werden, wenn es zum Beispiel Spinat gibt und dieser im Kindesalter ganz ungern gegessen wurde. Eine Verstärkung wäre noch, wenn die Eltern das Spinatessen erzwangen.
Umgekehrt kann man aber auch durch bestimmte Bilder eine Befriedigung erreichen. So erzählte eine Frau, die als Kind in der Nachkriegszeit sehr hungern musste, dass sie das Märchen „Tischlein-deck-dich" sehr gerne hörte. Dabei wünschte sie sich den Tisch voll mit besten Speisen.

Traumbilder

In der Nacht träumen wir unsere Geschichten in Form von Bildern. Unmögliches, Schönes und Hässliches, Lustvolles und Beängstigendes kommt als Traumbild aus dem Unbewussten. Manchmal spielen wir mit, manchmal schauen wir zu. Die Bilder können wir in Schwarz-Weiß oder in Farbe sehen. Die meisten Handlungsabläufe scheinen uns nicht logisch. Raum und Zeit werden ignoriert. Und doch gibt es keinen sinnlosen Traum. Verstorbene können lebendig sein und Lebende sterben. Kinder werden geboren. Wir können gleichzeitig an zwei Orten sein. Diese verschlüsselten Traumbilder wollen wahrgenommen und verstanden werden. Wir müssen mit Geduld und Ausdauer diese Informationen zu entschlüsseln lernen.
In diesem Buch geht es nur darum, die Vielschichtigkeit der Traumbilder und ihre vielseitigen Botschaften aufzuzeigen, da die Bildergeschichten der Träume eine sehr wesentliche „Sprache der Seele" darstellen. Außerdem träumen wir jede Nacht.

Der Traum hat mehrfache positive Wirkungen auf unser Leben. Wir könnten ohne zu träumen gar nicht leben. Der Traum ist Ausgleich und Ventil zugleich. Er hält gewissermaßen die Balance zwischen Bewusstsein und Unterbewusstsein.
Weitere Hilfen für eine gute Lebensgestaltung werden im folgendem näher dargelegt. Dabei wird auf Kurzträume, die meist nur Warnungen oder Hinweise sind oder Tageserlebnisreste vollenden, nicht weiter eingegangen. Die langen Träume, die Gegenstand unserer Betrachtungen sind, werden auch meist gefühlsintensiver erlebt.
Bei den folgenden Beispielen ist zu bedenken, dass sich Träume nicht in ein Schema pressen lassen.

Ausgleichende Träume

Bei solchen Botschaften geht es um das Aufzeigen der gegenteiligen Verhaltensweise. Sie zeigen an, dass man eine Einseitigkeit aufgeben soll. Zugleich wird die einseitige Lebenshaltung ausgeglichen.

Eine Frau träumt, dass sie im Nachthemd auf dem Stadtplatz steht.
Botschaft: Sei nicht so sehr auf dein Äußeres bedacht!

Ein Mann erlebt, dass er auf einem steilen Dach in schwindelnder Höhe spazieren geht.
Botschaft: Riskiere auch einmal was! Sichere dich nicht in allem so ab!

Ein anderer Ausgleich im Traum:

Ein Angestellter hat einen sehr unangenehmen Chef, der ihn vor Dienstschluss noch so richtig fertig machte. Er konnte sich nicht wehren. In der Nacht träumte er, dass seine Firma den Konkurs anmelden musste und der Chef verhaftet wurde.
Botschaft: Du brauchst dich nicht zu rächen!

Wunscherfüllende Träume:

Wenn die Realität einem Menschen zu hart zu werden scheint, so kann die Wunscherfüllung im Traum Erleichterung bringen. Zugleich sind sie ein Hinweis auf Möglichkeiten der Freude.

Ein Ehepartner träumt von einem Urlaub am Meer. Er erlebt diesen sehr lustvoll und wacht voller Unternehmungslust auf.

Ermunternde Träume:

Wenn jemand vor einem Problem steht und vielleicht schon ans Aufgeben denkt, kann ein Traum ihm wieder Mut machen.

Ein Mann träumt beispielsweise, dass er bei der Matura durchgefallen ist. Tatsächlich hat er diese mit Auszeichnung bestanden. Botschaft: Trau dir es zu, das Problem zu lösen! So wie du bei der Matura nicht durchgefallen bist, so wirst du auch hier erfolgreich sein!

Bestätigende Träume:
Jemand hat sich für eine bestimmte Tätigkeit entschieden. Er ist sich aber jetzt nicht ganz sicher, ob seine Entscheidung die richtige war. Im Traum erlebt er sich, wie er diese Arbeit mit Freude und Hingabe ausübt.
Botschaft: Die Entscheidung war gut!

Zustandsbeschreibende Träume:
Ein Mann ist mit seinem Elternhaus sehr verbunden und besucht wöchentlich seine Eltern. Der Frau und den Kindern wird das schon zu viel. Der Mann sieht ein, dass er hier etwas verändern muss und geht in eine Beratung. Nach einigen Sitzungen träumt dieser Mann, dass sein Elternhaus abgebrannt ist. Dabei wundert er sich, dass ihn das gar nicht so berührt.
Botschaft: Nun hast du dich von deinem Elternhaus gelöst!

Warnende Träume:
Ein Vertreter einer Arzneimittelfirma ist sehr viel mit seinem Auto unterwegs. Seine Tätigkeit ist derzeit sehr erfolgreich. Das Einkommen kann jetzt sehr gesteigert werden. Er nimmt dafür auch in Kauf, dass er öfter stark übermüdet fährt. Einmal wäre er beim Autofahren fast eingeschlafen. Dieser Vertreter träumt nun, dass er in ein Krankenhaus eingeliefert wird und ein ihm bekannter Arzt schneidet ihm den Kopf ab. Eigenartigerweise geht dieser Vorgang sehr freundlich und präzise vor sich.
Botschaft: Du musst umdenken! Du brauchst einen neuen Kopf!

Mahnende Träume:
Eine Mutter träumt, dass ein Kind im eiskalten Schnee erfroren gefunden wurde.
Botschaft: Kümmere dich um dein inneres Kind! Das Bild des Kindes steht für die Gefühle, Wünsche und Sehnsüchte, die in der Mutter leben möchten.

Anregende Träume:
Viele Musiker, Wissenschaftler, Dichter... wurden durch Träume in ihrer Arbeit unterstützt. Ein Traum brachte die Lösung eines Problems oder zeigte auf, dass man anders zu einer Lösung kommt.

Träume als Botschaft
Ein ältere Mann zog sich immer mehr von der Gesellschaft zurück und verlor die Freude am Leben. Eines Tages erlebte er im Traum, dass er sich in fröhlicher Runde mit vielen Menschen, die er nicht kannte, sehr wohl fühlte. Er war glücklich wie schon lange nicht mehr.
Botschaft: Geh wieder unter die Leute!

Die Traumbilder stammen einerseits aus dem Erfahrungsschatz der persönlichen Lebensgeschichte, andererseits stammen sie aus den Erfahrungen der gesamten Menschheit. Daher können uns im Traum sowohl individuelle Symbole als auch kollektive Symbolbilder erscheinen. Alle diese Bilder sind in meinem inneren Archiv gespeichert. Das Selbst, das zur Ganzheit drängt, stellt die Träume zusammen, um die Persönlichkeitsentfaltung zu fördern.

Bilder als Hilfe in der Beratungsarbeit

Als Ehe-, Lebens- und Familienberater muss ich bedenken, dass ich mir von einem jeden Menschen unbewusst ein Bild mache. Dieses innere Bild, das vor allem eine Projektion ist, darf nicht als echt eingestuft werden. Es muss immer wieder ein neues entstehen dürfen. Wenn ich das unbewusste, innere Erstbild überbewerte und mich darauf fixiere, dann wird die weitere Wahrnehmung einseitig und damit das einmal gemachte Bild stets bestätigt. In der Beratungsarbeit ist es daher sehr wichtig, möglichst wertfrei und offen zu sein. Auch in einer Beratungssituation begegne ich einem Menschen auf der bewussten und unbewussten Ebene. Auch für die letztere soll man offen sein und allfällige Hinweise sorgsam beachten. Dann kommt man schneller zum eigentlichen Thema, um das es geht. Auf der Ebene des Unbewussten können Bilder eine große Hilfe sein. Aber eben nur eine Hilfe, um die Persönlichkeit des ratsuchenden Menschen genauer wahrzunehmen.

An Hand praktischer Beispiele wird das nun näher aufgezeigt:

Egon, 32 Jahre alt, verheiratet, drei Kinder, kommt alleine in die Beratung. Er vermittelt einen ruhigen, etwas schüchternen Eindruck. Eigentlich sei es nicht seine Absicht zu kommen, sagte er. Seine Frau ließe ihm keine Ruhe mehr. Er solle doch endlich etwas für sich tun, meinte sie immer wieder. Das sei der Grund seines Kommens. Er selber wisse nicht so recht, worüber er reden sollte, denn er hätte ja schließlich keine echten Probleme. Daraufhin schlug ich ihm eine kleine Übung vor, die er gerne annahm, da sie ihm aus seiner etwas peinlichen Situation half. Ich legte ihm, wie bei einem Memory Spiel, Kärtchen mit aufgemalten Symbolbildern verkehrt auf, so dass kein Bild sichtbar war. Dazu sagte ich Egon, dass

er nun ein Blättchen umdrehen solle, das dann sein Symbol sei. Zu diesem dargestellten Gegenstand solle er dann sagen, was ihm gerade einfiele.
Egon drehte ein Kärtchen um, auf dem ein Fenster abgebildet war. Er schilderte nun ganz locker, wie eine Lärche im Wald umgeschnitten wurde. Der Baum wurde in ein Sägewerk gebracht und dort zersägt. Das Holz kaufte dann ein Tischler. Dieser trocknete das Holz und machte daraus ein Fenster. Als Egon mit seiner Geschichte fertig war, fragte ich ihn, ob er mit dem Symbol, das er sich ausgesucht habe, zufrieden sei oder ob er lieber ein anderes gezogen hätte. Er antwortete:" Eigentlich wollte ich mir etwas Lebendigeres wie ein Tier oder vielleicht eine Blume lieber aussuchen. Aber schließlich war ich auch mit dem Fenster zufrieden."
Die letzte Frage diente der Absicht, etwas mehr von Egon zu erfahren, wie er zu seinem Lebenslos stand. Wünschte er sich ein anderes Schicksal oder kann er zu seinem Lebensweg stehen. Aus seiner Antwort kann man ersehen, dass er sich selbst zu wenig lebendig vorkommt oder dass ihm das eingeredet wird. Er selbst kann sich aber immer wieder in sein Los fügen und ist damit zufrieden. Es könnte aber auch ein Hinweis dafür sein, dass er sein wahres Selbst zu wenig lebt. Es ist nicht schwer aus der Schilderung über das Fenster festzustellen, dass dieser Mann sehr in der Vergangenheit lebt. Er schaut nicht durch das Fenster, das heißt, er nimmt die Gegenwart nicht wahr.
Ein weiteres Beispiel: Ida, eine Frau, die 36 Jahre alt ist, ledig, Tierärztin. Sie ist leicht gehbehindert, da sie seit ihrer Kindheit ein Hüftleiden hat.
Bei derselben Übung wie sie Egon zuvor gemacht hatte, zog auch sie das Symbol „Fenster". Nach einer kurzen Pause sagte Ida, dass Fenster einfach notwendig seien, um die Räume durchlüften zu können. Durch die Fenster käme Licht in die Wohnung. Zugleich

schütze das Fenster vor Kälte und Wind. Sie schaue durch das Fenster in ein schönes, warmes Zimmer, das sehr gemütlich sei. Nach dieser Beschreibung fragte ich Ida ebenfalls, ob sie lieber ein anderes Symbol gezogen hätte. Nach längerem Überlegen sagte sie: „Irgendwie war ich enttäuscht, dass es nur ein Fenster war. Wahrscheinlich hätte ich etwas Großartigeres erwartet." Auch hier lieferte Ida viele Hinweise auf ihr Leben. Aus ihrer Antwort auf die Symbolwahl konnte man folgern, dass sie sich ihr Leben anders, großartiger vorgestellt hätte. Bei ihrer Beschreibung des Fensters zeigte sich, dass für sie nur die Funktionen des Fensters bedeutsam waren. Für Ida ist offensichtlich das Funktionieren ein wichtiger Bestandteil des Lebens. Vielleicht hat sie sich nur über Leistungen ihre eigene Wertschätzung oder ihre Daseinsberechtigung geholt? Das Hineinschauen in das Zimmer lässt vermuten, dass sie sich oft draußen stehend vorkommt. Andere haben eine schönere Wohnung, Partner und Kinder. Was hat sie?

Aus diesen Beispielen kann man ersehen, dass mit Bildern Inneres berührt und auch ausgedrückt werden kann. Dabei merkt kaum jemand, dass er nicht über das Symbol, sondern eigentlich über sich selber spricht.

Übungen mit Vorstellungsbildern

Die Wiese

Der Klient schließt die Augen und sitzt ganz bequem. Dann bekommt er die Anweisung, ein Vorstellungs-Bild einer Wiese kommen zu lassen. Wenn er so ein Bild hat, soll er es sagen. Im weiteren Verlauf der Übung, so lange er die Augen geschlossen hat, spricht der Klient nichts mehr. Er folgt im Geiste nur den Anordnungen. Diese Anweisungen lauten nun:

Schauen Sie sich die Wiese gut an! Ist sie abgemäht? Dürr? Hat sie dichtes Gras? Blumen? Wenn Sie diese nicht kennen, so merken Sie sich aber die Farbe! Liegt die Wiese auf einer Anhöhe oder im Tal? Nun lassen Sie sich in die Wiese fallen. Wie geht es Ihnen dabei? Sie liegen jetzt in der Wiese. Wie fühlen Sie sich? Ist es kalt? Nass? Sticht etwas? Jetzt schauen Sie zum Himmel hinauf! Wie ist die Wetterlage? Nun richten Sie sich wieder auf und schauen auf die Wiese. Ist Sie für Sie groß genug? Fällt die Wiese ab oder ist sie eben? Steigt sie steil an? Was begrenzt ihre Wiese? Ein Wald? Zäune? Häuser? Wege?

Nun öffnet der Klient die Augen und es werden die inneren Vorstellungsbilder gedeutet. Die Wiese steht für die Lebensqualität. Das Gras zeigt etwas von der Energie auf. Abgemähte Wiesen deuten eher auf Aktivität und Funktionieren hin. Das Leben kommt zu kurz. Dürres oder zertrampeltes Gras sagt genug darüber aus, wie sich der Klient manchmal fühlt. Eine bunte Wiese betont die Vielseitigkeit des Klienten, zeigt ein buntes Leben. Nur eine Blumenart oder Farbe deutet auf Einseitigkeit hin. An der Art wie sich einer hinfallen lassen kann, zeigt sich seine Fähigkeit des Loslassen-Könnens oder des Aussteigen- Könnens. Wer das Liegen genießen kann, der kann sich auch das gute Ausrasten gönnen. Hier sind die Auswirkungen der meist nonverbalen Botschaften der Eltern zu erkennen. Kinder, die ihre Eltern nie ausruhen sahen, haben es auch

schwer, das selbst zu tun. Die festgestellte Wetterlage hat mit der aktuellen Gefühlslage zu tun. Gewitterwolken würden zum Beispiel auf Ängste in der Beratungsarbeit hindeuten. Nebel deutet darauf hin, dass der Klient seine Lebenssituationen nicht klar sehen kann. Die Größe der Wiese zeigt, ob er sich in seinem Leben eingeengt fühlt oder nicht. Stark abfallende Wiesen weisen eher auf eine pessimistische Einstellung hin. Ist das Gefälle so stark, dass man nicht mehr stehen kann, dann ist seine Sicht existenzbedrohend. Leicht ansteigende Wiesen deuten eher auf eine optimistische Einstellung des Klienten hin. Zu stark ansteigende oder sehr hochgelegene Wiesen lassen zu hochgesteckte Lebensziele vermuten. Die Grenzen stehen, wenn die Wiese groß genug ist, für Schutz. Ist das Grundstück zu klein, so weisen sie auf das Einengende hin. Dabei können Laubbäume das einengende Mütterliche aufzeigen. Das Väterliche wird eher durch einzelne schlanke Nadelbäume dargestellt. Zäune stehen für Gebote, Vorschriften und Verbote. Häuser bedeuten die Öffentlichkeit. Damit ist meist die Angst gemeint, was denn dazu die Nachbarn sagen werden.
Diese allgemeinen Aussagen werden nun mit ein paar praktischen Beispielen verdeutlicht. Dabei weise ich nochmals darauf hin, dass bei der Auslegung der Vorstellungsbilder immer nur der Betreffende selbst die letzte Autorität ist, die feststellt, das stimmt für mich, oder das stimmt nicht. Meine Vorgehensweise soll ihm aber dabei helfen, sich besser kennen zu lernen und ist auch die Grundlage für das gemeinsame Gespräch.

Alma, 26 Jahre alt, verheiratet, hat zwei Kinder, arbeitet halbtags in einem Büro. Nach dieser Übung erzählte sie, dass ihre Wiese aus dichtem Gras bestand und vielen, sehr hohen Margariten. Das Hinfallen gelang ihr gut, aber das Liegen war schlimm für sie. Sie spürte die kalte und nasse Erde und dachte an die zerdrückten Blumen.

Dabei drückte sie auch noch ein harter Gegenstand. Der Himmel war blau. Sonne sah sie keine. Sie war froh, als sie sich aufrichten konnte. Sie stand gleich ganz auf. Das wirkte befreiend auf sie. Die Wiese war eher klein, aber sie genügte ihr. Das ebene Grundstück ist mit Laubbäumen umgeben. Nur vorne war ein Zaun.

Nun zur Deutung:
Dichtes Gras steht für Energie, die bei Alma ausreichend vorhanden war. Da Alma nur Margariten sah, deutet dies auf Einseitigkeit oder Überbetonung hin. Das Blumensymbol deutet auf Ordnung, Struktur und Zwanghaftigkeit. Dass sich Alma gut hinfallen lassen konnte zeigt, dass sie gut abschalten kann. Ihre negativen Gefühle beim Liegen deuten aber darauf hin, dass sie sich das Ausrasten nicht zugesteht. Es gibt ja immer noch so viel zu erledigen! Hier wirken elterliche Botschaften.
Ihre Gefühlslage war ungetrübt, aber auch nicht besonders intensiv, wie man aus der beschriebenen Wetterlage ableiten konnte. In ihren Ansprüchen ist sie eher bescheiden, da sie sich auch mit einem kleinen Grundstück zufrieden gab. Die Grenzen setzt ihr die Mutter bzw. die verinnerlichte Mutter, wie aus dem umgebenden Laubwald abzuleiten ist. Der die Wiese vorne begrenzende Zaun steht für Gebote und Vorschriften. Alma, die an dieser gemeinsamen Deutung mitarbeitete, ergänzte sie am Ende durch einen Hinweis auf ihre Lebensgeschichte. Es war vor allem die Mutter, die mit ihrem Ordnungssinn alle beherrschte. Doch dabei sagte sie immer: „Lasst es euch gut gehen! Aber zuerst müsst ihr alles erledigt haben!“ Gleichzeitig lebte die Mutter vor, dass es nie soweit kam, dass sie es sich einmal gut gehen lassen konnte, da sie ja immer zuerst alles erledigen musste. Als Alma ihr das einmal vorhielt, antwortete ihr die Mutter : „Ich arbeite ja so gerne! Für mich ist das keine Plage“. So brachte die Mutter Alma auch die Bescheidenheit bei. Für sich selbst brauchte sie nie etwas.

Ein weiteres praktisches Beispiel:
Karl, 32 Jahre alt, Bankangestellter, verheiratet, ein Kind.
Nach derselben Übung berichtet Karl, dass seine Wiese abgemäht war. Er konnte sich in diese stachelige Wiese nicht hinfallen lassen. Die restliche Übung machte er stehend. Er wollte schon fragen, ob das auch geht. Tat es aber nicht, um mich nicht zu unterbrechen. Der Himmel war heiter. Die Wiese war groß und leicht abfallend. Vorne bildete ein Weg die Grenze. Die anderen Seiten waren mit einem Holzzaun umgeben.

Nun zur Deutung:
Es ist anzunehmen, dass Karl ein tüchtiger „Funktionierer" ist, der brav seine Pflichten erfüllt. Sein Leben kann er nicht genießen. Trotzdem findet er alles in Ordnung, nur manchmal sieht er etwas zu schwarz. Vor allem, wenn sich andere nicht an Vorschriften halten. Für ihn sind die Gebote und Gesetze etwas, nach dem er sein Leben ausrichtet. Das gibt ihm auch die rechte Orientierung und Sicherheit im Leben.
Karl war im Gespräch erstaunt als er hörte, dass er nicht gut lebe. Er hat doch alles und ist beruflich sehr erfolgreich. Seine Ehe funktioniert bestens. Das Kind ist gesund. Und im nächsten Jahr ziehen er und seine Familie in ein neugebautes Reihenhaus ein. Erst im weiteren Gespräch kam er darauf, dass er echte Freude schon sehr, lange nicht mehr erlebt hatte. Spontaneität lehnte er ab. Sein Ziel sei es, ein ausgeglichener Mensch zu werden. Diese typischen Aussagen von Karl bestätigen seine betont zwanghafte Lebenseinstellung.

Tiere aus dem Wald

Bei dieser Übung schließt der Klient die Augen und lässt ein inneres Bild von einem Waldrand kommen, vor dem sich eine Wiese ausbreitet. Wenn er dieses Bild innerlich sieht, sagt er es mir. Dann soll er neugierig in den Wald hineinschauen. Es werden bald drei Tiere aus dem Wald kommen. Wenn er die drei Tiere gesehen hat, kann er die Augen wieder öffnen.

Zuerst ein allgemeiner Deutungshinweis:
Der Wald steht unter anderem für den Ort „der großen Mutter" und des Unbewussten. Die Tiere, die aus dem Wald kommen, sind Symbole, die für Eigenschaften des Klienten stehen.

Dazu zwei praktische Beispiele:
Otto, 42 Jahre alt, Taxifahrer, verheiratet, keine Kinder. Bei ihm kamen drei Rehe aus dem Wald. Eigentlich wollte er drei verschiedene Tiere haben, aber es kamen nur drei gleiche.
Deutung:
Nach meiner Erfahrung stehen Rehe für etwas Verdrängtes, vor allem für Aggressionen, die geschluckt werden. Ich fragte daher Otto, wie es ihm mit lästigen Fahrgästen gehe? Er antwortete: „Der Gast ist König! An das halte ich mich, auch wenn es mich manchmal wurmt, wenn einer so eigensinnig ist." Dann erzählte er von seinem Vater, der auch Taxifahrer war. Dieser sagte immer, lass die Gäste lästig sein und die Vögel pfeifen, dann kommst du am besten zurecht. Da er aber immer Magenbeschwerden hatte und schließlich an einem Magenkrebsleiden starb, zweifle ich, ob der Vater wirklich nach seinem Wahlspruch gelebt hat.

Thomas, 39 Jahre alt, Bäcker, verheiratet, zwei Kinder. Nach der Übung sagte Thomas, dass bei ihm ein Hund, ein Eichhörnchen und eine Krähe aus dem Wald kamen.

Deutung:
Der Hund steht für das Führen, den Schutz und die Treue. Das Eichhörnchen deutet auf das Sammeln und Vorsorgen hin. Ein Vogel bedeutet Gedanken und die Freiheit. Ein schwarzer Vogel wie die Krähe weist auf traurige, düstere Gedanken hin. Thomas war ganz begeistert, weil alles so zu ihm passte. Nur wegen der düsteren Gedanken will er etwas tun, da ihm diese das Leben versauern. Dabei hat er überhaupt keinen Grund dafür, da alles so gut läuft.

Wie Bilder auch eine innere Veränderung aufzeigen.

Angela, 32 Jahre alt, Juristin, lebt mit ihrem Lebensgefährten schon vier Jahre zusammen. Sie erzählt, dass sie einen jüngeren Bruder hat, der ihr immer vorgezogen wurde. Eigentlich hätte schon sie ein Bub werden sollen. Sie enttäuschte alle bei ihrer Geburt, weil sie ein Mädchen war. Das sagte ihr einmal die Mutter, die sich bei ihrer Entbindung schuldig fühlte, da sie nur ein Mädchen geboren hatte. In ihrer Familie wurde das Männliche verherrlicht. Vor allem bei der Großmutter, die im gleichen Haus wohnte, galt der Bruder alles. Umgekehrt spürte sie von ihr eine gewisse Zurücksetzung, weil sie ein Mädchen war. So zog sich Angela von ihrer Familie immer mehr zurück. Obwohl sie alle in der gleichen Stadt wohnen, besuchen sie einander fast nie. Sie hat auch kein Verlangen nach Kontakten. Angela kann sich an keine schöne Zeit aus ihrer Kindheit erinnern.

Schon nach wenigen Beratungsstunden malte sich Angela als Baum (siehe Abbildung 23). Im Laufe der weiteren Einzelsitzungen wiederholten wir diese Übung und Angela zeichnete den Baum, der in der Abbildung 24 zu sehen ist. Nach längerer Zeit, als sich die Beratungsarbeit schon dem Ende zuneigte, zeichnete sie den Baum der Abbildung 25. Damit kann gut gezeigt werden, dass seelische Veränderungen auch über Bilder festzustellen sind. Das Bild soll aber nur eine Hilfe sein.

Abbildung 23

Abbildung 24

Abbildung 25

Ein Bild des Klienten für die Beratungsarbeit

Norbert, 32 Jahre alt, Einzelkind, Manager in einem weltweiten Konzern, alleinstehend, wohnt bei seiner Mutter, der Vater starb vor acht Jahren.

Der Klient kam schon einige Zeit zu Einzelsitzungen. Er übernahm für zu Hause die Aufgabe, sich selbst in einer Landschaft zu zeichnen. In die nächste Beratungsstunde brachte Norbert die Abbildung 26 als seine Zeichnung mit.

Mein Eindruck war, dass er ganz in sich versunken gewesen war und daher konnte er die Landschaft vor seinen Augen nicht wahrnehmen, wie es uns das Bild auch zeigt. Da Norbert ganz links im Bild sitzt, hätte er nach rechts in die Zukunft schauen können. Seine Gedanken könnten sich damit beschäftigt haben, wie es mit ihm und seinem Leben weitergehen wird. Er sitzt auf einer Baumwurzel und lehnt sich am Stamm des Baumes an. Der Baum als Symbol des Wachstums ist eng mit ihm verbunden. Die Wurzel deutet auf ein Verwurzelt-Sein hin. Wahrscheinlich mit der Mutter oder überhaupt mit dem Elternhaus. Da der Wurzelausläufer, der Stamm und der erste obere Ast eine offene Höhle bilden, ist die Deutung der Mutterverbundenheit die wahrscheinlichere. Das Astloch am Stamm des Baumes in der Höhe des Kopfes weist auf ein schmerzliches Verlusterlebnis hin, mit dem er sich jetzt in seinen Gedanken auch beschäftigen könnte. Das Sitzen zeigt seine Passivität auf. Das kann noch durch das Verstecken der Hände bekräftigt werden. Das Fehlen der Füße kann als „fehlender Standpunkt" aufgefasst werden. Die gleiche Farbe von Sonne und Haaren könnte darauf deuten, dass es gute Möglichkeiten gäbe, die aber nicht wahrgenommen werden.

Am Ende der Deutungsarbeit war Norbert überrascht, dass so Vieles zutraf. Er hatte schon lange vor, aus dem Elternhaus auszuziehen und sich eine eigene Wohnung zu nehmen. Die Mutter aber

hatte ihn immer wieder überzeugt, dass das sinnlos wäre und dass sie ihn ja gerne betreue.
Jetzt aber wird er es tun, da er merkt, wie sehr die Mutter ihn in allem noch wie ein Kind behandelt.
Wenn man auch ein Bild immer mit großer Vorsicht deutet und die eigentliche Deutungsarbeit dem Zeichner überlassen muss, so kann jedes Bild ein gute Grundlage für tiefgehende Beratungsgespräche sein.

Lassen nun auch Sie das Bild auf sich wirken....

Abbildung 26

Nachwort

Gerade am Bild können wir die tiefe Erfahrung machen, dass wir immer nur einen Bruchteil einer Ansicht wahrnehmen, erkennen und deuten. Die ganze Tiefe der Dynamik des Bildes ist in seiner Gänze nie zu erfassen. Daher können uns Bilder in jeder Hinsicht immer wieder Neues erschließen. Mit meiner Entfaltung ändert sich auch meine Sichtweise. Ebenso wird meine Wahrnehmung von der Einstellung zu einem Objekt beeinflusst.

Was ich in diesem Buch geschrieben habe, ist von meiner ganz persönlichen, lebensgeschichtlichen Erfahrung geprägt. Nun sind Sie gefordert, es für ihr Leben hilfreich umzusetzen. Dabei geht es weniger um das tiefgreifende, bewusste Verstehen, als vielmehr um die Wirkung des Aufgenommenen.

Es versteht sich von selbst, dass auch dieses Buch so wie die Bilder als „Sprache der Seele", nicht ein Ganzes, sondern auch nur Bruchstück sein kann.

Es ist aber meine Überzeugung, dass wir zum Ganzen hin unterwegs sind, in diesem Leben aber unser Ziel noch nicht erreichen können. In einem anderen Sein, das unser Vorstellungsvermögen übersteigt und von dem wir uns auch noch kein Bild machen können, werden wir das Ganze in und um uns erfahren.

Literaturverzeichnis

Aissen-Crewett Meike, *Kinderzeichnungen verstehen*, Don Bosco Verlag, 1988

Bettelheim Bruno, *Kinder brauchen Märchen*, dtv, 1980

Betz Otto, *Der Leib als sichtbare Seele*, Kreuz Verlag, 1991

Betz Otto, *Elementare Symbole*, Herder, 1987

Dieckmann Hans, *Gelebte Märchen*, Kreuz Verlag, 1991

Drewermann Eugen, *Rapunzel, Rapunzel, lass dein Haar herunter*, dtv, 1994

Erikson Erik H., *Jugend und Krise*, Klett Verlag, 1974

Fabry Joseph B., *Das Ringen um Sinn*, Herderbücherei, 1980

Fleck-Bangert Rose, *Kinder setzen Zeichen*, Kösel Verlag, 1994

Franz von Marie-Louse, *Das Weibliche im Märchen*, Bonn, 1977

Gilligan Carol, *Die andere Stimme*, Piper, 1985

Grimm Gebrüder, *Grimms Märchen*, Tosa Verlag

Hesse Hermann, *Siddhartha*, Suhrkamp, 1974

Hesse Hermann, *Der Steppenwolf*, Suhrkamp, 1974

Jacobi Jolande, *Vom Bilderreich der Seele*, Walter Verlag, 1989

Jacoby Mario, Verena Kast, Ingrid Riedel, *Das Böse im Märchen*, Herder, 1994

Jung C.G., *Bewusstes und Unbewusstes*, Fischer Taschenbuchverlag 1987

Jung C.G., *Archetyp und Unbewusstes*, Band 2, Walter Verlag, 1989

Jung C.G., *Archetypen*, dtv, 1999

Kast Verena, *Der Schatten in uns*, Walter Verlag, 1999

Kast Verena, *Die Dynamik der Symbole*, Walter Verlag, 1990

Kast Verena, *Freude - Inspiration - Hoffnung*, Walter Verlag, 1991

Kast Verena, *Mann und Frau im Märchen*, Walter Verlag, 1985

Kast Verena, *Familienkonflikte im Märchen*, Walter Verlag, 1984

Kast Verena, *Wege zur Autonomie*, Walter Verlag, 1985

Kast Verena, *Wege aus Angst und Symbiose*, Walter Verlag, 1985

Kast Verena, *Paare*, Kreuz Verlag, 1985

Lückert H.-R, *Selbstheilung durch geistige Kräfte*, Kreuz-Verlag, 1999

Neumann Erich, *Tiefenpsychologie und neue Ethik*,
Fischer Taschenbuchverlag, 1985

Riemann Fritz, *Grundformen der Angst*, Ernst Reinhardt Verlag, 1978
Riedel Ingrid, *Träume*, Kreuz Verlag, 1997
Riedel Ingrid, *Bilder in Therapie*, Kunst und Religion, Kreuz Verlag, 1988
Riedel Ingrid, *Formen*, Kreuz Verlag, 1985
Riedel Ingrid, *Tabu im Märchen*, Walter, 1985
Riedel Ingrid, *Farben*, Kreuz Verlag, 1985
Richter Horst E., *Die Gruppe*, Rowohlt Verlag, 1987
Scheidt Jürgen vom, *Geheimnis der Träume*, Mosaik Verlag, 1992
Schellenbaum Peter, *Die Wunde der Ungeliebten*, Kösel Verlag, 1988
Schellenbaum Peter, *Die Spur des verborgenen Kindes*,
Hoffmann und Campe, 1996
Schlegel Leonhard, *Grundriss der Tiefenpsychologie 5*,
Uni-Taschenbücher, 1979
Schwarzenau Paul, *Das göttliche Kind*, Kreuz Verlag, 1984
Steffen Uwe, *Jona und der Fisch*, Kreuz Verlag, 1985
Steffen Uwe, *Drachenkampf*, Kreuz Verlag, 1984
Steiner Claude, *Wie man Lebenspläne verändert*, dtv, 1992
Ulsamer Bertold, *Ohne Wurzeln keine Flügel*, Goldmann Verlag, 1999
Wardetzki Bärbel, *Ohrfeige für die Seele*, Kösel Verlag 2000
Wendl-Kempmann, *Partnerkrisen und Scheidung*, Verlag C.H. Beck, 1986
Wehr Gerhard, *Tiefenpsychologie und Christentum* - C.G. Jung, Pattloch, 1990
Widlöcher Daniel, *Was eine Kinderzeichnung verrät*,
Fischer Taschenbuchverlag, 1993